# a pandemia
## E O EXÍLIO DO MUNDO

# a pandemia
## E O EXÍLIO DO MUNDO

**Pedro Duarte**

©Pedro Duarte, 2020
©Bazar do Tempo, 2020

Todos os direitos reservados e protegidos pela
Lei nº 9.610, de 12.2.1998. É proibida a reprodução total
ou parcial sem a expressa anuência da editora.

Este livro foi revisado segundo o Acordo Ortográfico da
Língua Portuguesa de 1990, em vigor no Brasil desde 2009.

*Edição*
Ana Cecilia Impellizieri Martins

*Coordenação editorial*
Catarina Lins

*Projeto gráfico e capa*
eg.design
Carolina Ferman

*Arte final*
Thiago Lacaz

CIP-Brasil. Catalogação na Publicação
Sindicato Nacional dos Editores de Livros, RJ
D874p

---

Duarte, Pedro (1981- )
A pandemia e o exílio do mundo / Pedro Duarte.
Rio de Janeiro: Bazar do Tempo, 2020. 144 p.
ISBN 978-65-86719-23-9
1. Filosofia brasileira. 2. Coronavírus (Covid-19). I. Título. (81)
20-65567 CDD 199.81 CDU 1:616-036.22

---

Camila Donis Hartmann, bibliotecária CRB 7/6472


Bazar do Tempo
Produções e Empreendimentos Culturais Ltda.
Rua General Dionísio, 53, Humaitá
22271-050 Rio de Janeiro RJ
contato@bazardotempo.com.br
bazardotempo.com.br

**9**
A casa e os pássaros

**21**
Tempo de espera

**33**
A natureza inumana

**47**
Wilson e o distanciamento social

**59**
7x1 para o coronavírus

**71**
A arte de perder

**83**
O amor nos tempos do vírus

**97**
Solidão no isolamento

**109**
A futurologia dos filósofos

**125**
Frustração e felicidade

**138**
Notas

**143**
Sobre o autor

Este livro foi escrito entre abril e maio de 2020.

"O exílio nos compele estranhamente a pensar sobre ele,
mas é terrível de experienciar."
*Edward Said*

"A primeira coisa que fiz ao sair da cama, depois de ficar
doente com o vírus durante uma semana tão imensa e estranha
quanto um novo continente, foi me fazer esta pergunta:
em quais condições e de que maneira valeria a pena continuar
a viver? A segunda coisa, antes de encontrar uma resposta
para esta pergunta, foi escrever uma carta de amor."
*Paul B. Preciado*

# a casa e os pássaros

Ninguém pode sair. Esse mandamento acompanha a crise gerada pelo novo coronavírus. Escrevo a palavra – coronavírus – e o Word a estranha, sublinha de vermelho. Nem o computador o conhece. Nós, menos ainda. Já sentimos seus efeitos, mas ignoramos como ele é. Quase tudo em torno dele permanece misterioso. Quase. Sabe-se que é preciso se cuidar e que, sem remédio, o único remédio é este: ficar em casa. Para não se contaminar. Para não contaminar os outros. Ninguém sai. Ninguém entra. Claro: só quem sai pode entrar. Como canta Gilberto Gil, "hoje eu me sinto como se ter ido fosse necessário para voltar".

Todas as autoridades médicas e governamentais responsáveis dizem aos cidadãos: fiquem em casa. E sorte de quem tem uma para atender à recomendação. Mas, uma casa da qual não se sai e para a qual não se volta é ainda uma casa? Não há casa sem rua e dentro sem fora. Uma casa na qual a porta se tornou parede já não é bem casa. Falta a ela o entre: um cá e um lá que se comuniquem. Para preservar a vida, estamos tendo que abdicar do mundo. E o mundo não é chato.

O vírus traz, como ameaça, a morte. Pior: a morte por sufocamento, a falta de ar, alguns falam de um afogamento sem água. Pior: a morte sem despedida de quem se vai ou para quem fica, uma vez que o contato é perigoso. Isso tudo, porém, é ameaça e, embora os números impressionem, atinge uma minoria. O que é certo e atinge a maioria é o confinamento. É a proibição de estar junto. Esse vírus mata e separa. Condena alguns indivíduos e afasta os outros.

O que fazer? Ora, justamente, a resposta que nos dão agora é: nada. Lênin, o revolucioário russo, anunciara essa pergunta no século passado pensando nas condições sociais e na sua transformação. Como se a mudança estivesse em nossas mãos. Mas ela agora veio, ao contrário, do que não é humano. O vírus é quem faz e acontece. O ativismo e o voluntarismo estão paralisados. Somos forçados a um recolhimento inesperado. Se achávamos que tudo podíamos, agora nada podemos.

O ativismo quebra a cara contra o vírus. Mas não na política. Faz um tempo que os opositores do governo no Brasil se exasperam sobre como mobilizar as pessoas e renovar movimentos nas ruas. Bem, agora as janelas viraram ruas. Milhares de pessoas no país gritam de seus prédios nas noites em que o presidente se pronuncia e batem panelas contra ele, que minimiza a pandemia e se comporta em desacordo com as orientações da Organização Mundial da Saúde. De outro lado, os apoiadores do governo reagem e lhe dão força. A ver o que sairá disso.

Na Itália, o movimento foi distinto, menos político e mais poético. Pessoas cantam de suas sacadas e janelas em quarentena, buscando um fio de partilha de mundo quando não resta quase nada mais. É bonito. Mas também é triste. O canto me soa como uma espécie de epitáfio, sem que eu saiba exatamente o que está chegando ao fim. Preenche ainda com as vozes o novo silêncio das cidades.

Graças ao silêncio, escutamos o que antes não conseguíamos. Nos arredores, ouço um pássaro e o seu voo. Mas nem tudo é assim. Um adolescente noutro apartamento grita, com dor: quero morrer. Escuto diversas brigas. Dizem que na China, mal acabou a ordem de ficar em casa, já há um aumento do número de pedidos de divórcios. Pode ser meio triste. Mas também um tanto engraçado. Muita gente imaginava que amor era apenas exclusivismo doméstico. O vírus está obrigando a uma outra verdade. O desejo é maior. Há amor pelo mundo.

Os filósofos agitaram-se rapidamente para entender o que se passa. Houve quem os achasse apressados. Talvez sejam. Por outro lado, é frequente atacar a filosofia por se resguardar e habitar uma torre da marfim. Hegel, no século XIX, pensava que a filosofia, como a ave de Minerva, só alçava seu voo no entardecer, quando o dia histórico havia transcorrido. Já os autores do século XXI, ao contrário, arriscam-se a pensar no calor da hora. Podem até errar. Mas não os condeno, mesmo que discorde. Prefiro a filosofia assim, mais suja na sua época.

E, além disso, num momento desses cada um se vira como pode. O filósofo é uma pessoa que talvez suporte tudo isso escrevendo. Que o faça. Cada um que busque seu jeito. Basta a limitação de liberdade forçada pela pandemia, não precisamos de mais outra, vinda de nossos juízos. Diga-se de passagem: se um certo ideal coletivo sobressai com isso tudo, por outro lado há quem se valha dele para assumir um papel – talvez sempre sonhado – de fiscal do comportamento alheio. Como diria Mr. Catra, "deixa as pessoas"! Oportunismo policialesco não dá.

Li os textos dos filósofos, e gostei. Compreender é um modo de se reconciliar com o mundo. Mas, tive a impressão de que nenhum, no fundo, achou algo de novo no novo coronavírus. Cada um o encaixou em suas teorias prévias. Giorgio Agamben aponta o vírus como pretexto para o estado de exceção. Jean-Luc Nancy põe expectativa na emergência do sentido de comunidade. Slavoj Žižek aposta no caráter subversivo do vírus diante do capitalismo. Franco "Bifo" Berardi falou de reabertura do futuro. Bruno Latour critica o produtivismo industrial. Por aí vai.

Pergunto-me se há algo no que estamos vivendo que obrigue a ir além das categorias já elaboradas. Mas pode ser que eu mesmo esteja me valendo de uma ideia que já conheço, que vem de Hannah Arendt. No século xx, ela admitiu que nenhum conceito tradicional permitia entender os regimes de Hitler e Stálin, que não eram apenas tiranias, mas algo novo: totalitarismos. Ela dizia que era preciso pensar sem corrimão, sem amparo.[1] Será que nossa situação também é inédita?

Tenho um filho de quatro meses. Escrevi uma carta para ele ler no futuro e me dei conta que não sabia se devia explicar a covid-19, ou se isso será tão decisivo na história do século xxi que a explicação ficará desnecessária, por ser conhecimento comum. Não sei mensurar. Dois meses atrás, estava em outro país e vinha ao Brasil passar só uma semana. Tive que ficar. Em poucos dias, tanta coisa mudou. Mas na carta falei mais de como danço com ele no colo ouvindo música e do voo do pássaro cantando do que do vírus propriamente.

Dizem que tudo mudou. Eu acho que sim e que não. Tanto as brigas políticas quanto os desentendimentos privados, tanto a solidariedade coletiva quanto a generosidade pessoal parecem mostrar que não há vírus ou crise que suspendam nossos afetos, interesses e impulsos. Não é fácil admitir isso. Mesmo Freud, tão sagaz ao observar a nossa alma, escreveu nos anos 1920, em *O futuro de uma ilusão*, que catástrofes poderiam ter ao menos um efeito gratificante para a humanidade: o esquecimento das discordâncias, dificuldades e animosidades internas à civilização, uma vez que lembraríamos da grande tarefa comum de preservação contra o poder superior da natureza.[2] Desconfio, porém, que não seja bem assim que enfrentamos a pandemia, sobretudo no Brasil. Talvez se possa lamentar, nisso, alguma falta de grandeza, mas pode ser também apenas "humano, demasiado humano". É como cantou Gal Costa poucos anos atrás.

*Neguinho quer justiça e harmonia para se possível todo mundo*
*Mas a neurose de neguinho vem e estraga tudo*

O ponto é que tais neuroses também fazem sermos quem nós somos. Não abandoná-las é não nos abandonar. É como dizer, inconscientemente: o vírus não vai me arrancar de mim antes sequer de me contaminar. O filósofo Gilles Deleuze afirmava que o que amamos em alguém é sua pequena loucura ou idiossincrasia. Espero que o vírus não tire isso de nós em prol de uma uniformidade sem graça e distante na qual todos se tornem mais iguais em seus quadrados digitais.

Confesso que, a despeito da racionalidade evidente, espanta-me um pouco o assentimento fácil que o isolamento conquistou para tanta gente. Ligo o jornal na televisão e vejo ser apresentado festivamente um drone (acho que meu Word está ultrapassado, ele também não reconheceu essa palavra) que sobrevoa a cidade, delatando aglomerações. Há um disque-denúncia para quem quiser reportar pessoas juntas. Entendo. Mas não deixo de franzir um pouco a testa.

Igualmente, estranho as metáforas pelas quais os noticiários falam do que está acontecendo: guerra, batalhas, inimigo. Não vejo bem assim. No século passado, Ernst Jünger falou de uma mobilização total a partir da experiência bélica.[3] Mas, agora, a mobilização tem em vista a imobilização. Não por acaso, armas são inúteis e a maior potência militar do mundo padece profundamente com o vírus. Se o terrorismo mudara a lógica da guerra, pois o inimigo não era um país ou povo identificável, o coronavírus a impede. Só por isso, aliás, ele é de fato mundial, mais do que qualquer uma das duas grandes guerras do século xx.

O escritor turco Orhan Pamuk, que já ganhou o Nobel, está há quatro anos trabalhando em um romance histórico ambientado em 1901, durante a peste bubônica que matou milhões de pessoas na Ásia, mas não tantas na Europa. Ele observou,[4] pesquisando epidemias, que nossas reações, de lá para cá, não mudaram muito: autoridades sempre negam a gravidade da doença, como ao declarar que é somente uma gripezinha; culpa-se um elemento estrangeiro, como a China; boatos falsos se espalham, como as *fake news*. Contudo, notou uma grande diferença. Antes, nunca se sabia qual a proporção global exata das epidemias, pela falta de meios tecnológicos de comunicação rápida. Era uma experiência pessoal mais local, por ouvir falar. Pessoas se encontravam nas ruas e, embora guardando distância por medo da contaminação, gritavam para as do outro lado, a fim de saber o que elas podiam dizer sobre a situação nos seus bairros e cidades. Era o único meio de se situarem no quadro geral e estarem melhor preparadas para a doença. Hoje, toda gente acompanha simultaneamente a escala global da doença, com notícias instantâneas. Antes era mais imaginação, agora é informação.

Cada pessoa no mundo, contudo, tem sua própria experiência com a situação. Quem está só, sente o tédio do vazio do tempo, a solidão. Quem está acompanhado, sente a falta de privacidade e de estar só. Quem tem filho pequeno não sente nada; não dá tempo! Brincadeira. Sente várias coisas, contudo, entre elas, a ocupação constante que não deixa tempo para nada e especialmente para o nada. Ninguém precisa comparar o que é pior ou melhor. Como tudo na vida, cada um é que sabe onde seu calo aperta e todos têm direito ao seu calo. E ao seu aperto.

Isso, porém, é para quem pode ficar em casa. Como tudo na sociedade em que vivemos, a divisão entre pobres e ricos é determinante. Quem tem que sair e trabalhar fora fica mais exposto à contaminação do que afastado dos outros pela sua iminência. Talvez haja mais medo nos primeiros e mais angústia nos últimos. Nos Estados Unidos, já está evidente a discrepância de atingidos. Podemos estar navegando no mesmo mar. Não estamos todos no mesmo barco.

Mas nada disso tira o calo que qualquer um pode ter. Uma amiga que está isolada em uma casa de praia, com entorno livre e belo, diz que é um paraíso. Ela não está gostando. Não há paraíso sem liberdade. Não há paraíso do qual não se possa sair.

Ele se torna, só por isso, um inferno. O isolamento em casa é também um isolamento da casa. Isolaram cada casa do mundo comum ao qual ela pertence. Paradoxalmente, o efeito do vírus só foi possível pela globalização – que, ligando tudo a tudo, fez ele se disseminar em velocidade inaudita – mas ameaça a globalização – exigindo barreiras. Há quem ache que assim o capitalismo vai acabar ou que ele vai se acirrar. Por ora, capitalismo à parte, o mundo fechou.

Tenho um amigo que, outro dia, abriu o armário de sapatos e ficou emocionado. Desde o começo da quarentena, só usa um par, que permanece do lado de fora da porta. Quando abriu o armário foi como se, dentro do apartamento, surgisse uma lembrança do mundo que, embora continue à mesma distância, agora está muito mais longe. Para piorar, no armário ele guarda também a mala de viagens. Ali estão coisas para sair. Quando será que viajaremos de novo?

O isolamento da casa parece ser apenas espacial, mas é também temporal. Essa paralisação cortou continuidades entre o antes e o depois. O livro que se escrevia, o filme que se faria, vão permanecer? Serão retomados? Ou abandonados? Estamos vivendo uma pausa, ou daqui pra frente tudo vai ser diferente? O tempo parece ter posto a vida em compasso de espera, mas ela continua passando. Por um lado, não dá para recusar a quebra que se impõe. Por outro, abandonar o que se deseja é sucumbir. Sorte que o desejo não se deixa abandonar mesmo.

Estava acabando de escrever estas linhas iniciais e soube que morreu o cantor Moraes Moreira. Não foi o vírus. Ainda se morre (e vive) por outros motivos. Quando Zico saiu do Flamengo nos anos 1980, ele fez uma canção de despedida, perguntando: e agora como é que eu fico, nas tardes de domingo, sem Zico no Maracanã? Foi muito triste ouvi-la hoje. Não há Flamengo e futebol nas tardes de domingo. Imagino que esse tipo de coisa – princípio do prazer com alegria gregária – será o último a voltar.

Num vídeo com o Zico, Moraes diz: "Brasil: futebol e música, casamento total".[5] Não vamos torcer nem dançar por um tempo. E agora, como é que eu fico? Sem sair, os dias estão cada vez mais iguais. Parecem se repetir incessantemente. Com raras exceções. Uma conversa. Uma música partilhada. Ou a "primeira vez" de um monte de coisa que há com um bebê de quatro meses. Todo dia é a primeira vez de alguma coisa. Mas, mesmo para ele, sinto que falta a imprevisibilidade que é estar no mundo e na pluralidade dos muitos. Se "sair de casa já é se aventurar", como canta Marcelo Camelo, a casa precisa de abertura.

Estamos presos em um dentro sem fora, em um presente que travou planos de futuro, embora não o seu desejo. Viver um dia de cada vez, claro. Mas sem perder a promessa do amanhã. Há pais longe de filhos. Há casais que se separavam trancados em um pequeno apartamento. Há amantes que não se podem ver. Há amigos sem encontrar. Viagens não feitas. Quantas noites vazias? Dá saudade do mundo e de todo o mundo. Da gente e de toda a gente. Dá saudade que só. Não se guarda um pássaro sem voos, apenas o voo de um pássaro, como escreveu Antonio Cícero uma vez.

*Guardar uma coisa não é escondê-la ou trancá-la.*
*Em cofre não se guarda coisa alguma.*
*Em cofre perde-se a coisa à vista.*

*Guardar uma coisa é olhá-la, fitá-la, mirá-la por*
*admirá-la, isto é, iluminá-la ou ser por ela iluminado.*

*Guardar uma coisa é vigiá-la, isto é, fazer vigília por*
*ela, isto é, velar por ela, isto é, estar acordado por ela,*
*isto é, estar por ela ou ser por ela.*
*Por isso melhor se guarda o voo de um pássaro*
*Do que um pássaro sem voos.*[6]

# tempo de espera

Se comparássemos o tempo que vivemos de pandemia à ficção, sinto que estaríamos entre *O anjo exterminador*, de Luis Buñuel, e peças de Samuel Beckett. No filme do cineasta espanhol, após um jantar, as pessoas inexplicavelmente não conseguem sair mais da sala. Não há barreira ou motivo. Pouco a pouco, instintos primitivos de cada um aparecem. Entre nós, o motivo para o confinamento é claro: o perigo do vírus. Contudo, sendo o perigo invisível, ele desafia nossa razão, já que os sentidos não são capazes de captá-lo, apenas de perceber seus efeitos.

Não vemos o vírus, mas sim a doença e as mortes causadas por ele. E isso, muitas vezes, nem diretamente. Quem não é médico e não tem pessoas ao redor contaminadas, dificilmente experimenta a proximidade concreta da doença e das mortes. Menos ainda quem está confinado em casa. Daí a estranha experiência de acompanhar virtualmente a calamidade que se passa a poucos metros de distância: pelas notícias, pela internet e pela televisão. Vemos nas telas o que, apesar de próximo, não podemos ver na realidade: o rastro de morte do vírus invisível.

O contexto lembra uma cena de uma peça de Beckett, *Fim de partida*. Nela, dois homens estão em um abrigo e um deles pega uma luneta para olhar o que há no lado de fora. O outro pergunta como está o mundo. Ele responde: cadavérico.[1] Nas peças de Beckett, há vários personagens que não sabem mais correr ou andar, apenas se arrastam. O futuro não chega. O presente é condenado a si mesmo. Há ambientes enclausurados, nos quais uma pessoa tira e calça a bota, não porque adiante alguma coisa, mas porque ajuda a passar o tempo – o tempo cuja espera não tem termo, fim ou previsão, mais ou menos como o nosso agora.

Hoje é dia 28 de abril de 2020 e o Brasil ultrapassou a marca de cinco mil mortos por causa do novo coronavírus. O número supera o da China, onde a epidemia começou. Estimativas, entretanto, dão conta de que – por causa da subnotificação relativa à doença, uma vez que nenhum sistema de saúde ou estatístico consegue acompanhar a velocidade da contaminação do vírus – este número pode já ser, na verdade, até cinco vezes maior. O espectro da morte nos ronda.

Mas até quando? Essa pergunta acossa a todas e todos diante da pandemia, uma vez que nenhum médico e nenhum cientista, e menos ainda um governante, tem a resposta. Há quem use essa real ignorância em torno da doença como pretexto para uma desfaçatez mórbida. O presidente do país, interrogado sobre os cinco mil mortos, disse somente: lamento. E perguntou: e daí? Dicionários dão conta de que a expressão é usada para questionar a importância do que foi dito antes.

Enquanto isso, a agonia só cresce com a falta de previsão. Eu passo os dias olhando gráficos que desenham a propalada curva de provável alastramento por vir da pandemia, que começa lá embaixo, sobe e depois cai. Dizem que o objetivo é achatá-la, para que hospitais não lotem. Se o vírus deve atingir quase todo mundo, que seja gradualmente, devagar, para mais gente poder ser devidamente tratada. Tomara.

Quando olho os gráficos, porém, penso o quanto quero que essa curva se acelere no tempo, e não apenas se achate. Marcos são colocados: o pico da pandemia será no dia 15 de maio, as medidas de isolamento social serão afrouxadas a partir de 28 de maio, as atividades voltarão no início de junho. Quase todos, porém, acabam sendo adiados. Ninguém sabe de nada. Parece que vivemos o eterno protelamento da volta a alguma coisa que nem sabemos o que será.

Na medida em que a situação à qual a pandemia nos obriga é drástica, seja pelos mortos, seja pelos confinados, a impossibilidade de se elaborar um cronograma a seu respeito deixa tudo em suspenso. Quando não temos data para algo terminar, ficamos ameaçados pela sensação de que dure para sempre. Tudo é tão incerto que o próprio vocabulário – da mídia, dos presidentes, dos especialistas – já não fala em fim ou término, mas em afrouxamento e flexibilização.

É o que temos pra hoje.

O problema é que a radicalidade das condições às quais estamos submetidos dificilmente será tolerável a longo prazo. Não falo somente da economia, mas da psicologia. Desprovidos da liberdade de ir e vir, impedidos de enterrar nossos mortos e sem contato com quem amamos, até quando aceitaremos as limitações? Não há resposta, claro, e o medo da morte pode sustentar a aceitação. O dilema é difícil, mas suspeito que ele tende a se esgarçar pouco a pouco.

Tenho percebido que, devido à impotência diante do que se passa, sou em diversos momentos remetido a sentimentos infantis. Falta muito? Faço essa pergunta, com alguma graça e ironia, a amigos, como se eles pudessem me informar quantas semanas ou meses restam nessa situação (só o fato de que não falei dias já é, para mim, sinal de um desespero; e o fato de que não falei anos, mas pensei, me dá um calafrio). Essa é a mesma pergunta que, ainda criança, nas minhas viagens de carro com o meu pai, saindo do Rio de Janeiro para visitar meus avós em Belo Horizonte, eu fazia a ele constantemente: falta muito?

O pior é que eu já fazia a pergunta mais ou menos enquanto a gente passava perto de Petrópolis, ou seja, quando a viagem mal tinha começado. Bem, o pior de verdade nem é isso, mas o fato de que, ao contrário do meu pai na estrada, hoje não tem ninguém que possa realmente mensurar se falta muito, ou não. E, no entanto, eu não paro de perguntar, na vã esperança de que alguém me responda. É duro, de um jeito muito duro mesmo, aceitar que o mundo é desconhecido, que nem pai e nem mãe – concretos ou simbólicos – sabem ou dão jeito nas coisas. Ficamos sozinhos em uma experiência de impotência.

Há uma tirinha do Bill Watterson em que o Calvin e o tigre Haroldo encontram um esquilo machucado. Calvin pede ao Haroldo que fique de olho no bichinho, enquanto ele chama a sua mãe. Haroldo diz que espera que ela possa ajudar. E Calvin comenta: "é claro que pode, eles não deixam você ser mãe se não souber consertar tudo". Minha mãe sempre tentou corresponder a esse ideal. Eu não sei quando foi que percebi que não era bem assim. Não foi fácil entender que aquele amor imenso não garantia que tudo teria conserto. Às vezes quebramos.

Individual e coletivamente, vivemos agora uma ferida narcísica. Quebramos. Só Deus, ou Freud, podem dizer se dela virá uma desestruturação definitiva e mortal dos sujeitos, ou se virá uma reestruturação capaz de provocar o devido luto por aquilo que está se perdendo ou já se perdeu.

Mais regredida do que a pergunta sobre o quanto falta é a exclamação inconfessada que carregamos: "mas eu quero". Mas eu quero sair, passear, abraçar, pular, dançar, mergulhar, torcer, pedalar. São muitos os verbos travados. Quando pais explicam aos filhos os motivos de uma impossibilidade, motivos que ultrapassam suas vontades, uma vez que são imposições da natureza ou do mundo, os pequenos costumam retrucar: mas eu quero! Enfatizo esse "mas", que é a manifestação sucinta de um: ouvi, entendi, mas ainda assim, apesar de tudo, eu quero. Diante da pandemia, alguma coisa em mim reage igual: escuto – e entendo – que não posso sair e que, se sair, só de máscara, e assim em diante. Mas eu quero.

Embora seja naturalmente infantil, a exclamação "eu quero" também pode ser ouvida como resistência do desejo. Ela é a cifra de que, se a realização do desejo é impossível, ele porém continua vivo. O querer não deixa de querer só porque não pode ser. Mais ainda: e o que seria do ser se abandonasse o seu querer? Caso o "eu quero" não seja apenas bater a cabeça contra a parede, mas a insistência do desejo de atravessá-la e descobrir o que há além, então ele é a consciência de que há um "mundo, mundo, vasto mundo" além da sala em que se está.

Numa canção sugestivamente intitulada "A cura", Lulu Santos falou de uma ponta de esperança que, se viesse, chegaria quando menos se espera. E, enquanto isso, dizia a canção, não custa insistir na questão do desejo. Eu iria até mais longe: sem desejo, a esperança se torna abstração sem vida, corpo, carne. Se a esperança vier, será com desejo, desafiando a noção de que o inferno é aqui.

*E se virá*
*Será quando menos se esperar*
*Da onde ninguém imagina*
*Demolirá*
*Toda certeza vã*
*Não sobrará*
*Pedra sobre pedra*

*Enquanto isso*
*Não nos custa insistir*
*Na questão do desejo*
*Não deixar se extinguir*
*Desafiando de vez a noção*
*Na qual se crê*
*Que o inferno é aqui*

Tanto na pergunta "quanto falta" como na exclamação "eu quero", o problema que aparece é a relação do desejo com o tempo. Pois o desejo desconhece, em geral, qualquer tempo que não o agora. Racionalmente, nós tentamos aprender a virtude da paciência, para amenizar a frustração que o desejo sente quando algo que ele quer não está dado. O exercício que se exige de nós agora, por isso, é enorme: projetar um desejo no futuro sem que tenhamos um tempo no qual essa projeção, mesmo que incerta, seja colocada.

É claro que, entre uma e outra coisa, o presente é vivido e, nele, também o prazer e a dor de cada dia e cada hora. Mas é como se, estranhamente, o presente tivesse sido colocado entre parênteses e estivéssemos à espera da continuidade das frases do grande livro do mundo. Perdemos a continuidade entre o ontem e o amanhã. O ritmo da pandemia, após o início súbito, é de constância e iminência. O mítico pico de contaminados – que será terrível mas também um alívio, já que em seguida viria a melhora – é algo que ninguém sabe quando será. Vivemos entre o "não mais" e o "ainda não" – mais distantes do agora do que julgávamos.

Muitos anos atrás, remando em um caiaque, vivi um episódio curioso. Eu estava com minha namorada e, embora pertinho da costa em um mar sem ondas, calmíssimo, ela temia, tensa, que a pequena embarcação virasse. Um peixe pulou ao nosso lado, e ela quase teve um ataque do coração, tamanho o susto! Tudo estava tranquilo, menos ela. Lá pelas tantas, o caiaque de fato virou. Nadei rapidamente, imaginando que ela estaria em pânico. Quando cheguei até ela, ouvi, contudo, a frase: "eu que virei, não aguentava mais; virei de propósito o caiaque".

Sua decisão tinha sido tomada: era melhor mergulhar no que se temia do que conviver com a iminência ameaçadora, a cada segundo, de seu acontecimento. Nada pior que a angústia. Pelo menos, agora ela tinha acabado. O pior já tinha ocorrido. O que parecia insuportável era aquela espera sem fim. Há quem prefira pegar logo o vírus. O motivo é o mesmo: acabar com a angústia e adiantar um enfrentamento que, de resto, talvez seja inevitável. Um alívio.

Concretamente, essa escolha representa tanto um risco individual quanto uma questão cívica: pode-se ficar doente e até morrer, ou ocupar um leito hospitalar que outra pessoa precisaria involuntariamente. E acredito que poucos farão isso. Mas, a vontade é compreensível, ainda mais com a esperança de que, caso se sobreviva e as chances não são pequenas, haja imunidade, o que atualmente não deixa de ser uma condição para boa parte de nossa liberdade reconquistada.

Embora muita gente tenha comparado o que estamos vivendo aos filmes de ação de Hollywood, há algo nessa nossa vida comezinha que não consta nesses roteiros cheios de emoção: o tédio. Pois, embora nos hospitais e com os doentes possa se viver de fato um drama ou até uma tragédia, para o resto das pessoas o que há é um tempo ralentado. O presente se arrasta entre um passado que parece tê-lo deixado há anos e um futuro que não se consuma.

Contudo, o próprio Beckett dizia que é preciso continuar. E assim vamos. O Arnaldo Antunes cantou uma vez que "nem o prego aguenta mais o peso desse relógio". Sinto um pouco dessa forma o nosso tempo. No atual momento, há algo de indecoroso no otimismo, talvez, mas apenas quando ele é alimentado pela ignorância incapaz de crítica ou de autocrítica. Pois há um otimismo que é decisivo para o desejo. Não sei se apesar de tudo, ou se por causa de tudo, suponho, como Chico Buarque na famosa canção, que "vai passar". Mesmo que não possa dizer o quanto falta. Talvez seja meu: mas eu quero. Por isso, acho que não temos só testes médicos e econômicos pela frente. Outro teste é o quanto conseguiremos esticar nossos desejos no tempo, ou o tempo dos nossos desejos.

O que impressiona no livro *O amor nos tempos do cólera*, de Gabriel García Marquez, é que o protagonista Florentino aguarda por Firmina, a sua amada, por mais de cinquenta anos. Acredito, portanto, que podemos resistir alguns meses. O hoje precisa do amanhã, para a tristeza se transformar em alegria e a gente sair pelas ruas da cidade, como cantou Cartola.

*Amanhã,*
*A tristeza vai transformar-se em alegria,*
*E o sol vai brilhar no céu de um novo dia,*
*Vamos sair pelas ruas, pelas ruas da cidade,*
*Peito aberto,*
*Cara ao sol da felicidade.*

*E no canto de amor assim,*
*Sempre vão surgir em mim, novas fantasias,*
*Sinto vibrando no ar,*
*E sei que não é vã, a cor da esperança,*
*A esperança do amanhã.*

# a natureza inumana

No extraordinário filme *Os pássaros*, de Alfred Hitchcock, há uma cena na qual, em um restaurante, a comunidade discute os insólitos ataques de aves à cidade. Um sujeito bêbado grita: é o fim do mundo! Melanie Daniels, a protagonista, conta que testemunhara crianças na escola local serem alvos de pássaros. Um homem sugere que seria uma guerra. Surge então uma curiosa ornitóloga. Embora descrente de que pássaros estejam organizadamente atacando seres humanos, ela observa que, se fosse o caso, não teríamos nenhuma chance. Existiam, ela explica, 8.650 espécies nos Estados Unidos e 100 bilhões de pássaros no mundo.

Essa passagem nunca saiu da minha cabeça. Por mais improvável que seja, um ataque coletivo de pássaros, animais aparentemente inofensivos, não daria qualquer chance aos seres humanos, que se consideram tão onipotentes diante do resto da natureza. Não sei se seria o fim do mundo, como o bêbado acreditava, mas seria o fim da estadia da humanidade na Terra. Não sei também se seria uma guerra, mas o modo de vida dos pássaros prevaleceria sobre o nosso.

No primeiro ataque que aparece no filme, a câmera está centrada em Melanie, que atravessa um lago ou rio perto da cidade de São Francisco, nos Estados Unidos, em um pequeno barco. De repente, um pássaro – até então fora de quadro, sem que ela ou nós o víssemos – adentra velozmente a cena, dá um rasante e bica a cabeça da loira. Em nenhum momento ela contara com essa possibilidade. Estava desprevenida para a irrupção do mundo natural. Hitchcock foi sagaz ao filmar dessa forma, porque o problema apresentado é como, em nosso domínio sobre o mundo, esquecemos a força peculiar do que não é humano, e por isso ela surge de supetão. Fomos acostumados, ingenuamente, a viver como se a natureza fosse apenas um cenário.

O filósofo francês Maurice Merleau-Ponty dizia que a beleza da pintura de Paul Cézanne residia precisamente na forma como os seus quadros retratavam a dimensão inumana da natureza: a água do lago Annecy aparece sem movimento, a paisagem aparece sem vento.[1] Enquanto nos habituamos à vida em meio a objetos construídos pelos seres humanos, como casas, ruas e cidades, Cézanne suspende o hábito e revela o fundo de estranheza sobre o qual nos instalamos.

O mundo não é nosso. O mundo não nos pertence.

É fácil, no interior da civilização moderna ocidental, esquecermos que os seres humanos não são os donos do mundo, uma vez que ela se funda no antropocentrismo, ou seja, na centralidade do *anthropos*, da espécie humana. Nessa civilização, a certeza tácita é que os humanos são superiores a animais, a vegetais e a tudo que não é humano. Por essa hierarquia, consideramos que somos os únicos seres inteligentes no planeta. Pode até ser. Contudo, basta as aves se unirem, ou um vírus invisível e desconhecido surgir, que essa civilização corre perigo.

Ninguém escreveu de forma tão aguda sobre essa arrogância da inteligência humana, que se coloca no centro do universo, quanto Friedrich Nietzsche, no século XIX. Claro que não se trata de uma crítica ao saber em nome da ignorância obscurantista, mas somente ao seu antropocentrismo diante da natureza. Na sua juventude, Nietzsche abriu um famoso ensaio denunciando a falácia moderna segundo a qual o conhecimento –

teórico, filosófico, científico – daria acesso a uma posição privilegiada em relação a tudo o que é. Em tom poético, criticava a desmedida – que, hoje, poderíamos dizer trágica – auto-compreensão ocidental.

*No desvio de algum rincão do universo inundado pelo fogo de inumeráveis sistemas solares, houve uma vez um planeta no qual os animais inteligentes inventaram o conhecimento. Este foi o minuto mais soberbo e mais mentiroso da "história universal", mas foi apenas um minuto. Depois de alguns suspiros da natureza, o planeta congelou-se e os animais inteligentes tiveram de morrer. Esta é a fábula que se poderia inventar, sem com isso chegar a iluminar suficientemente o aspecto lamentável, frágil e fugidio, o aspecto vão e arbitrário dessa exceção que constitui o intelecto humano no seio da natureza. Eternidades passaram sem que ele existisse; e se ele desaparecesse novamente, nada se teria passado; pois não há para tal intelecto uma missão que ultrapasse o quadro de uma vida humana. Ao contrário, ele é humano e somente seu possuidor e criador o trata com tanta paixão, como se ele fosse o eixo em torno do qual girasse o mundo. Se pudéssemos entender a mosca, perceberíamos que ela navega no ar animada por essa mesma paixão e sentindo em si que voar é o centro do mundo. Nada há de tão desprezível e de tão insignificante na natureza que não transborde como um odre ao menor sopro dessa força do conhecer, e assim como todo carregador quer também ter o seu admirador, o homem mais arrogante, o filósofo, imagina ter também os olhos do universo focalizados, como um telescópio, sobre suas obras e seus pensamentos.*[2]

Pouco antes de Nietzsche, o pensador que foi o seu modelo de educador, o pessimista Schopenhauer, escreveu que a raça humana, ao submeter todas as outras, passou a considerar a natureza como uma imensa fábrica pronta a responder à satisfação de suas necessidades. Essa seria a consequência de tratar toda a natureza como mero objeto a ser manipulado pelo ser humano, entendido como sujeito. Esse era o arcabouço da principal filosofia moderna desde o século XVII, com René Descartes. Separava-se o eu do mundo, fundando uma dualidade cuja meta era o controle cognitivo e prático do primeiro sobre o segundo.

Embora seja cedo para tirar lições da pandemia do novo coronavírus, arrisco que uma pode ser essa: o mundo não é nosso. Nós o habitamos, mas ele não nos pertence. Por mais que, pela técnica, tenhamos avançado sobre a natureza e a conhecido, não a domesticamos. Mesmo que possa assim parecer, é como o caso da baleia orca Tilikun, registrado no documentário *Blackfish*, de 2013: mantido (era um macho) em cativeiro e exibido como atração turística no parque aquático Sea World, ele obedecia às ordens. Até o dia em que matou a treinadora.

Para Schopenhauer, isso não deveria nos espantar. Sua filosofia desmistifica a imagem idílica e pacífica da natureza, mesmo quando intocada. O que se vê em toda parte, diz ele,[3] é luta, conflito e embate de diferentes vontades de viver. Tudo o que vive, para ele, quer. Quer viver. Tudo é vontade. O modo, entretanto, como a vontade se expressa em cada tipo de ser os faz disputar matéria, espaço e tempo. São os animais devorando uns aos outros, por exemplo. E, quem sabe, em nosso momento, a relação entre o vírus e os seres humanos. O vírus só quer, nesse sentido, perseverar no seu ser, porém, sua vontade entra em acirrada disputa com a vontade tal como aparece em nós.

O fato de que, na maior parte do tempo, o conhecimento técnico permite o domínio da natureza não deve nos enganar: ela é maior do que nós. Permanecemos submetidos a condições muito precisas e preciosas para que nossa vida neste planeta seja possível sem grandes complicações. Há delicadeza nisso.

Sempre que interferimos no mundo natural, levando até ele o nosso mundo artificial, desencadeamos processos que não controlamos completamente.

Há atualmente duas hipóteses principais para explicar a origem do vírus. Uma é a de um acidente em manipulação de laboratório. A outra é a de um certo tipo de morcego que o carregaria, transmitindo a humanos que o comeram, o que só teria sido possível por causa de nosso avanço sobre seu habitat natural. O lugar de origem nos dois casos seria Wuhan, na China. Em ambas as hipóteses, não é difícil perceber que a causa da pandemia é precisamente o progresso cada vez maior da colonização humana sobre a natureza, seja com o objetivo de manuseá-la sob condições supostamente controladas, seja pela tomada territorial de áreas geográficas antes intocadas e desconhecidas para nós.

Nos anos 1950, a pensadora Hannah Arendt já considerava que a consequência da ação humana sobre a natureza era que esta se tornaria imprevisível. Para ela, até o século XIX, nossa interação com a natureza dera-se apenas para a fabricação, ou seja, utilizava-se seu material para erguer artefatos humanos. Daí em diante, algo mudou. Passamos a iniciar processos naturais por conta própria, e a fissão do átomo é o maior exemplo. Isso significava a introdução da imprevisibilidade típica do mundo humano no interior da natureza.[4]

Desse ponto de vista, o acidente nuclear de Chernobyl, na década de 1980, foi um aviso nítido. O controle científico de nada adiantou para evitar o desastre. E, a rigor, ele nunca parou de acontecer, está até hoje apenas contido lá. O que se deu, assim como agora com o vírus covid-19, foi a instauração de um começo de um processo cujo fim não é controlável, na mesma medida em que nenhuma ação humana, a despeito das intenções de seu agente, tem um fim previsível.

Daí o perigo de inflexão histórica que vem ocorrendo desde o século XX: a passagem de um paradigma de simples uso da natureza na fabricação de coisas a um outro e novo paradigma, que é o da ação sobre ela com a iniciação de processos. Não se trata apenas de uma diferença de grau, como se a primeira intervenção fosse mais tímida e tranquila, enquanto a segunda seria agressiva e extravagante. É uma transformação do princípio pelo qual interferimos na natureza.

Não surpreende, nesse contexto, que, enquanto até o século XIX a natureza era vista como essencialmente previsível e ordenada, a partir do século XX ela seja, cada vez mais, tomada como imprevisível e caótica. Por isso mesmo, a natureza passou a nos meter mais medo do que antes, a despeito do acréscimo de poderio tecnológico e do progresso científico conquistados no relacionamento com ela. Curiosa ambivalência esta: a tecnologia nos tornou mais fortes e mais frágeis ao mesmo tempo, mais capazes e mais suscetíveis simultaneamente.

Em *No tempo das catástrofes*, escrito entre 2008 e 2009, a filósofa Isabelle Stengers já anunciava que a nova época em que estamos coloca-nos não somente diante de uma natureza que deve ser protegida contra danos causados por humanos, mas também de uma natureza da qual os humanos precisam se proteger, já que ela tem o poder de incomodar nossos saberes e vidas. Justamente por isso, estamos de fato em uma globalização, porém antes de tudo do ponto de vista das ameaças que se aproximam.[5] Passagens do livro hoje soam quase proféticas.

No caso do coronavírus, a modernização da China e a sua inserção na globalização tecnológica capitalista, bem como o circuito mundial de deslocamentos de pessoas, foram as condições que possibilitaram que a epidemia se transformasse em uma pandemia. Sem isso, era possível, anos atrás, a doença não chegar ao Ocidente. Do mesmo modo, a técnica que opera em laboratórios e desmatamentos, ampliando o raio da ação humana na natureza, pode detonar processos que, em um efeito bumerangue, voltam-se contra os próprios seres humanos.

Isso tudo leva a crer que a fronteira que separava natureza e cultura, quer dizer, o não-humano do humano, pode ser menos clara do que imaginávamos, o que alguns pensadores contemporâneos, como Bruno Latour, Emanuele Coccia e Donna Haraway, têm sublinhado há anos. A rigor, o fenômeno da epidemia mescla elementos naturais e sociais. Ela se torna pandemia porque estamos conectados mundialmente. O vírus natural se espalha facilmente, mas sua letalidade depende de termos ou não uma vacina e um sistema de saúde, fatores sociais.

No entanto, apesar disso, acontecimentos curiosos, causados pelos confinamentos e isolamentos sociais durante a pandemia, demonstram quanto esforço dispensamos para desenhar essa fronteira que nos separa de um outro – a natureza – e como o nosso modo de vida a sustenta. Penso na recorrente aparição de animais silvestres nas cidades, como se, graças à nossa ausência, eles estivessem ganhando cidadania, direito à presença. Sem podermos, reiteradamente pela nossa ação, delimitar o nosso espaço próprio e mantê-los no deles, uma vez que recuamos para casa, a divisão tem se fragilizado. Todos habitamos um mesmo e único espaço, o que, entretanto, não cessa de nos espantar.

Na Tailândia, sem os turistas que os alimentavam, macacos foram às ruas brigar por comida. Na Itália, fotos retrataram javalis passeando à noite. Na praia de Copacabana, no Rio, viu-se uma capivara (talvez seja uma velha conhecida que andava na Lagoa Rodrigo de Freitas e, com tudo calmo, resolveu passear nas redondezas). Eu vi uma arara no Arpoador. O mundo não é nosso e até as cidades, talvez, não sejam. Basta sairmos poucas semanas e os animais as ocupam. Lembramos assim que, a rigor, a preocupação com a ecologia é com a existência humana, pois a natureza, mesmo que a molestemos, deve sobreviver. Pode até precisar de milhares de anos para se recuperar, mas isso não é tanto para ela.

Em sua *História natural da destruição*, o escritor alemão W. G. Sebald conta que, após o fim da Segunda Guerra Mundial, a cidade de Colônia estava em ruínas e seus terrenos transformados pela vegetação densa que aparecera, como se caminhos rurais tivessem se aberto nas ruas. A tempestade de fogo não afetara a regeneração da natureza. Em Hamburgo, em 1943, árvores e arbustos, especialmente os castanheiros, já tinham uma segunda floração.[6] Eu, outro dia, li que um pé de maconha brotou numa arquibancada de um estádio de futebol argentino.

Contudo, há um detalhe na descrição de Sebald que revela a singularidade do que vivemos hoje. Não temos ruínas. Pois não se trata de uma guerra. Nossas cidades não foram destruídas, foram esvaziadas. Tudo lá fora está como era, mas fechado, sem gente. Daí a surpresa. Caetano Veloso já tinha cantado que "everybody knows that our cities were built to be destroyed". Todo mundo sabia que as nossas cidades foram construídas para serem destruídas. Não por acaso, reformas urbanas são uma obsessão moderna desde Barão de Haussmann em Paris e de Perreira Passos no Rio de Janeiro. Bota-se tudo abaixo em busca do novo. Mas, agora, já é outra coisa. Ninguém ouviu as "picaretas regeneradoras", como as que Olavo Bilac comemorou no início do século xx. Está tudo intocado. É uma estranha paisagem, estática, como uma lembrança de que o fim é possível.

Durante o período de isolamento social, às vezes pego a minha bicicleta e dou uma volta. Vejo uma "cidade fantasma". Os Rolling Stones gravaram uma música com esse nome agora, mas os Specials já tiveram um hit homônimo no início do anos 1980. Nele, perguntavam: você se lembra dos bons e velhos tempos antes da cidade fantasma? Nós dançávamos e cantávamos. Todo mundo agora sente um pouco assim, com calçadas desabitadas e uma paisagem abandonada.

Numa dessas andanças de bicicleta, escutei nos meus fones, enquanto pedalava, uma canção do final dos anos 1970, do Raul

Seixas, que profetiza, a título de um sonho louco, um pouco do que agora vivemos concretamente. Ela imagina um dia em que nada acontece e ninguém faz nada. O nome é "O dia em que a terra parou", e fala de um dia em que ninguém saiu de casa. Talvez um só dia desse para curtir, mas nessa nossa quarentena, que já vai virando duas e pode virar três ou até mais, fica difícil achar a graça que tem na canção. Toca Raul.

*O empregado não saiu pro seu trabalho*
*Pois sabia que o patrão também não 'tava lá*
*Dona de casa não saiu pra comprar pão*
*Pois sabia que o padeiro também não 'tava lá*
*E o guarda não saiu para prender*
*Pois sabia que o ladrão, também não 'tava lá*
*E o ladrão não saiu para roubar*
*Pois sabia que não ia ter onde gastar*

*(...)*

*E nas igrejas nem um sino a badalar*
*Pois sabiam que os fiéis também não 'tavam lá*
*E os fiéis não saíram pra rezar*
*Pois sabiam que o padre também não 'tava lá*
*E o aluno não saiu para estudar*
*Pois sabia o professor também não 'tava lá*
*E o professor não saiu pra lecionar*
*Pois sabia que não tinha mais nada pra ensinar*

Como desrespeitei o dia em que a terra parou e me movimentei, tinha que ir a algum lugar. Tomando de empréstimo versos de Dorival Caymmi, "andei por andar, andei, e todo caminho deu no mar". Fui até o Arpoador, onde assisti a chegada do voo daquela arara, que se somou aos relatos dos bichos surpreendentes nos espaços urbanos. É uma experiência sem igual ver uma praia tão conhecida e em geral cheia sem ninguém. A areia lisa e sem pegadas. O mar só mar. Sem gente. Fosse uma praia de restinga, a sensação seria mais comum: a natureza consigo mesma e pronto. O paredão de prédios ressaltava o insólito da situação.

O escritor argentino Alan Pauls, em seu belo livrinho *A vida descalço*, comentou que toda praia, mesmo na cidade, remete à promessa de uma praia virgem, independentemente do quão ela está próxima de seu passado primitivo ou já inserida no modelo capitalista de exploração do tempo livre. Não é um estado natural concreto, mas um conceito, uma ideia.[7] Ou, talvez, uma lembrança de um passado que nunca vimos, um tempo antes do tempo, uma natureza inumana não porque ela seria desumana, mas porque é sem humanos ou humanização. Só é. O ser sem quem o pense. Não um paraíso perdido. Somente o ser que não está nem achado e nem perdido. A areia sem pegadas.

Porém, verdade também que essa paisagem poderia ser – e talvez isso se aproxime mais de nosso caso – não um antes e sim um depois. Novamente, Pauls é quem notou que o espaço da praia tem traços de cenário póstumo, que uma catástrofe natural ou força aniquiladora teriam reduzido ao elementar. Nada me dá mais desejo de sair de casa esses dias do que a praia, não sei se pelo que ela evoca de um passado primitivo ou pela perturbadora sensação de que nosso presente ameaça se precipitar nesse futuro sem mundo e sem marcas humanas. Ou se é o mesmo desejo que, antes de tudo isso, já me levava a ela quase diariamente.

Toda vez que pego minha bicicleta, a praia acaba sendo meu destino.

Bicicletas parecem ter uma certa sabedoria nômade. Não apenas por causa do movimento, mas pela leveza. Em geral, os índios nômades recebem menos atenção no Ocidente do que os sedentários, pois são estes que constroem e edificam, deixam atrás de si coisas sólidas – que reconhecemos como uma civilização. Os nômades passam de fininho. Não fabricam pirâmides suntuosas, como as dos maias. Mal deixam pegadas na história e na natureza. São discretos.

No fim de *Os pássaros*, os personagens precisam sair da casa que está cercada pelas aves. Estão com medo. São obrigados a dar passos lentos, saem sutilmente. Não podem chamar a atenção e fazem silêncio. Estão forçados a uma contenção. O mundo é agora dos pássaros que enchem a cena, enquanto assistimos, com a câmera parada do ponto de vista da casa, os protagonistas entrarem num carro que se distancia e, conforme se move, vai ficando pequeno dentro da paisagem, quase se fundindo com ela ou desaparecendo nela. O mundo não é mais dos seres humanos, mas eles ainda o habitam.

# Wilson e o distanciamento social

Ninguém estava preparado. Busco na memória um começo. Não encontro. Uma chamada na televisão na qual o presidente dos Estados Unidos concedia pela primeira vez uma entrevista coletiva sobre a epidemia (naquele momento ainda não havia classificação de pandemia) talvez tenha sido quando, mesmo de um modo distante, preocupei-me. Depois, algumas pessoas de máscaras no aeroporto de Atlanta, onde embarcava de volta para o Rio, mas ainda certo, ou quase, de que retornaria. Comi um sanduíche e a necessidade de lavar as mãos em seguida se devia apenas à gordura que ficara nelas, não à ameaça de um vírus.

Não me encontro mais no tempo nem em relação ao que seria esse início, talvez porque, como diziam os pensadores românticos, nós jamais estamos nem no começo e nem no fim, mas sempre no meio.[1] É dele, do meio, que buscamos um atrás e um na frente. Quando demos por nós, já estávamos no meio de uma pandemia, com essa sensação de clausura espacial, pois não devemos sair de casa, e desorientação temporal, pois não sabemos do futuro. Minha aflição me faz pensar: será que seria o caso de ir para a China, onde a pandemia já declina?

Claro que não. Mas, a cabeça roda e roda, já que não pode mesmo sair do lugar. Hoje, no Jornal Nacional, William Bonner declarou que, diferentemente de uma tragédia pontual, como a ruptura da barragem de Brumadinho e os atentados terroristas de 11 de setembro, as notícias sobre a pandemia tendem a perder impacto sobre nós. Os mortos e os doentes vão sendo contados, dia a dia. Os números aumentam. Mas nós nos acostumamos. Pareceu um jornalista aflito. O que ele tem feito é repetir a mesma coisa todo dia. Só que não é a mesma.

São outras as pessoas que morreram. No entanto, lá está: mais cem, mais duzentas. Menos tantos leitos de tratamento intensivo hoje, e amanhã pior ainda. O problema é que, segundo uma antiga definição anedótica de jornalismo, notícia não é quando o cachorro morde o dono, só quando o dono morde o cachorro. Ou seja, notícia é o que foge do usual. É novidade, "news". É o que surpreende e, por isso, deve ser contado. Todo mundo sabe mais ou menos como serão as notícias amanhã. Pela lógica da repetição, a pandemia não é mais notícia.

Eu acrescentaria ainda mais um fator a esse problema: a pandemia não se adequa ao que, no fim da década de 1960, o situacionista Guy Debord chamou de sociedade do espetáculo. Desse ponto de vista, ela não é parecida com os ataques terroristas que se abateram sobre os Estados Unidos em 2001, pelo contrário, é muito distinta. Osama Bin Laden surpreendeu o Ocidente não somente pelo que fez, mas por tê-lo feito dominando o repertório típico da cultura contra a qual se lançou: a tecnologia dos aviões, de um lado, e um regime de visibilidade espetacular, de outro. O momento dos assassinatos foi visto ao vivo pelo mundo.

No caso da pandemia, por contraste, a contaminação é invisível. Somente temos as imagens dos hospitais, dos leitos, das covas. Ninguém nunca arriscaria dizer disso o que o músico Karlheinz Stockhausen afirmou sobre a investida contra as torres gêmeas do World Trade Center, em Nova York: que era a maior obra de arte de vanguarda de seu tempo. Por polêmica que seja, a declaração poderia ser entendida no contexto justamente da produção sublime de imagens violentas de horror. Não resta dúvida: foi um espetáculo. Já a pandemia é o horror sem as imagens, sem o espetáculo. Sua fonte é invisível, pequena, desprezada.

Em seu ensaio *Diante da dor dos outros*, Susan Sontag, ao examinar como nos sentimos com imagens sobre o sofrimento, distinguiu aquelas que simplesmente o reconhecem e aquelas que protestam contra ele. Se as primeiras são tão antigas quanto podemos lembrar, o mesmo não ocorre com as últimas. Somente com as gravuras da série *Os desastres da guerra*, de Goya, no século xix, o relato de crueldades bélicas, por exemplo, foi construído para atacar a sensibilidade do espectador, inaugurando um novo padrão moral na representação da dor.[2]

Nesse contexto, Sontag observa que as pessoas costumam se tornar menos sensíveis aos horrores quando se trata de algo que não pode ser interrompido. Suponho que isso seja verdade para a pandemia que enfrentamos, e daí uma tendência a normalizá-la. Para Sontag, a compaixão dificilmente se mantém sem que possa ser traduzida em ação. Se sentirmos que não há nada que nós, pessoas ordinárias, temos a fazer, ou eles, no governo, a implementar, o resultado tende a ser uma apatia entediada. Isso talvez explique as energias se voltarem no Brasil para a política, uma vez que, em relação ao vírus em si, não há muito a fazer.

Vale dizer, contudo, que Sontag não acredita que, se estivéssemos comovidos, seria necessariamente melhor, já que sentimentos podem ser compatíveis com o gosto pela brutalidade. E a proximidade imaginária com a dor do outro em relação a nós, como aquela sugerida pelos closes de televisão, é em geral falsa ou problemática. No mais, pessoas não se insensibilizam ao que lhes é mostrado por causa da quantidade maior ou menor de imagens, e sim pela passividade em relação ao seu conteúdo, que embota o sentimento, de acordo com Sontag.

A despeito disso, no esforço de sensibilizar a população para a gravidade da situação, a prefeitura de Salvador lançou uma campanha de televisão. Nela, a primeira parte é uma sequência de imagens nas quais carros são levados por enxurradas e casas são destruídas por vendavais, enquanto a legenda afirma: isso é o que acontece quando toda a chuva cai ao mesmo tempo. Logo depois, vem uma pergunta: o que você acha que vai acontecer se todo mundo tiver coronavírus ao mesmo tempo? Então surge uma batida de imagens de pessoas hospitalizadas e macas e respiradores. O acerto da intenção da campanha está em atiçar o espectador para além da passividade, já que o isolamento de cada um pode evitar que todos peguem o vírus ao mesmo tempo, como a legenda aponta; mas se expõe a dificuldade do convencimento também: essas imagens não são espetaculares.

Para quem não é atingido diretamente pelos efeitos da pandemia, o dilema é parecido com o do Bonner. Por que ver o jornal todo dia? Como diria Caetano Veloso na canção que o levou à fama, quem é que lê tanta notícia? O mundo se tornou enfadonhamente terrível, previsivelmente sinistro. Precisamos de informações, claro, afinal elas são pragmaticamente relevantes para saber o que fazer e, suponho, ainda nos mantêm com algum senso-comum na ausência dos contatos pessoais concretos que o forjavam em meio ao prazer de estar junto.

Por outro lado, desconfio do entorpecimento que a mídia promove e que seu protagonista no Brasil, William Bonner, sentiu. Parecia que, com aquele editorial, ele mesmo reconhecia: como não fazer desse trabalho a anestesia daquilo que precisa ser sentido? Por vezes, a solução é o sensacionalismo. Nunca esqueço o conselho que o Morrissey, dos Smiths, já cantou: "recomendo que você pare de ver notícias pois as notícias podem tentar te amedrontar, te fazer sentir pequeno e sozinho, sentir que sua mente não é sua". Não sei como equilibrar a proximidade e a distância da imprensa nesse momento, mas desconfio de apenas segui-la, mesmo que, no Brasil, ela esteja se saindo bem melhor que o governo.

O distanciamento social recomendado pela mídia diminui o ritmo do contágio do vírus e, assim, permite que os sistemas de saúde suportem uma demanda que, de todo modo, chegará. "Distanciamento social", porém, é um nome meio distante, ele mesmo. Pois, na proximidade real das coisas, trata-se de um distanciamento pessoal. São pessoas e vidas que ficam separadas. Por isso, parece que a conservação da vida está exigindo o seu empobrecimento existencial. Os números, sempre eles, atestam que vidas são salvas desse modo. Mas, assim como eles ficam sem força nas notícias dos mortos, eles também dizem pouco das vidas.

Pergunto-me quantas depressões e suicídios não estarão ocorrendo. Penso no acirramento da violência doméstica. Ou mesmo na tristeza, pura e simples. Em 1927, no seu portentoso livro *Ser e tempo*, o filósofo Martin Heidegger defendeu que ser é ser-com. Ou seja, está inscrito ontologicamente no ser de cada um de nós o sentido relacional de nossa presença no mundo. Nenhum de nós é apenas quem é e, depois ou eventualmente, relaciona-se com os outros. Nós já somos em relação, e só somos quem somos graças a ela e por ela.[3] Separados ou apartados, o que será que nos tornamos?

Desconfio que Heidegger consideraria que até o distanciamento seria ainda um modo de relação, embora fundado em uma privação negativa. O modo pelo qual se expressa o caráter relacional da experiência humana agora é precisamente o do imperativo da distância, mesmo porque ele se exerce indistintamente sobre todos nós. Não deixamos de ser com os outros. No entanto, passamos a sê-lo sem tanta graça, prazer, nuance, complexidade, interesse. Por mais que telas e telefonemas nos ponham em contato, pessoas bidimensionais dentro de um quadrado não são as pessoas inteiras que desejo.

Como escreveu Paul B. Preciado sobre a pandemia atual, o que nos ameaça é a desmaterialização do desejo em uma época na qual as separações se tornaram tão drásticas que o território não é mais um país e sim o corpo individual, assim como a máscara, ou a pele, tornou-se a nova fronteira. Até o ar que você respira, agora, deverá ser exclusivamente seu.[4] Lembro do filme *E.T.: o extraterrestre*, de Steven Spielberg: o toque de dedos entre o humano e seu novo amigo consuma o momento em que ambos se tornam menos alienígenas um para o outro.

O ponto onde esse coronavírus nos afeta é particularmente cruel. Ele nos impede de estar junto, ele transformou a relação em um perigo, o outro em uma ameaça. Objetivamente, contato físico e partilha do ar servem para contágio. Mas a subjetividade sabe pouco disso, ou o ignora ou o exagera. Há pessoas que passaram a desviar o olhar umas das outras, talvez um pouco envergonhadas, porque esse olhar não seria seguido de um aperto de mão, de um abraço. Quando o entregador do supermercado vem à minha porta, é como se nosso rápido encontro estivesse marcado pelo que aqueles mais generosos chamariam de cuidado e os mais críticos de desconfiança. Nós dois de máscara, mal nos encaramos.

Olhar não tira pedaço.

Tem alguém aí fora? Essa pergunta é tudo que constitui uma bela canção do Pink Floyd. Depois de dias seguidos em quarentena, a questão soa forte. Fantasio que, ao sair na rua, não haverá ninguém, as coisas estarão como paisagens do filme *Eu sou a lenda*, com Will Smith. Há uma cena antológica no filme, em que ele – vivendo num mundo onde acredita que todos morreram, ou foram infectados por um vírus que transforma os humanos em estranhas espécimes animalizadas – vai até uma locadora de vídeos onde há manequins e conversa com eles: pergunta a um se já assistiu aquela fita, chega a flertar com um outro.

Essa cena é o sinal da intensidade pela qual cada um de nós precisa estar junto a outros. No extremo dessa ausência, entre o ato mais louco e mais são, nós inventamos esses outros. Podem ser os manequins do Will Smith. Mas no cinema comercial de Hollywood a grande encarnação dessa necessidade foi Wilson: a bola de vôlei que *O náufrago* Tom Hanks – aliás, um dos primeiros na vida real a ser infectado pelo coronavírus – pinta com feições humanas e transforma em amigo imaginário na ilha deserta que habitou por anos após um acidente de avião.

Nenhum homem é uma ilha.

Por isso, a exigência do isolamento social coloca um paradoxo: é possível enxergar amor à vida em quem lhe obedece e quem lhe desobedece. No primeiro caso, a manutenção e a conservação da vida que prevalecem. No segundo caso, a experiência e a fruição da vida que são priorizadas. Os mais aguerridos gostariam de desfazer o paradoxo: diriam que os obedientes ao isolamento desprezam a atividade, o prazer e a liberdade; que os desobedientes são ignorantes, irresponsáveis ou egoístas. Isso tudo existe. Mas, também há duas maneiras diferentes de valorar a vida, em geral atreladas ao que cada um está vivendo no momento.

Não seria esse o enredo básico de *Morte em Veneza*, de Thomas Mann? Na novela, Aschenbach – um senhor mais velho e de grande reputação, cuja vida até então fora de rigidez e ascetismo, acordando cedo e com duchas frias – apaixona-se pelo jovem e belo polaco Tadzio. Ele sabe que algo de sua moralidade disciplinada estava se quebrando. O corpo do rapaz se destaca de todo o resto e convoca à contemplação. É um momento único de sua existência. Nada, nem mesmo uma epidemia, poderia impedi-lo de viver aquela felicidade enquanto possível.

Aschenbach passa a perseguir Tadzio e tudo em sua vida é referido a ele. Nutre uma admiração quase platônica pelo rapaz, que seria como uma encarnação do ideal de perfeição da beleza divina, mas sonha eroticamente com ele também. Começa então de fato uma epidemia de cólera em Veneza, que o governo tenta esconder para não prejudicar o comércio e o turismo. Entretanto, Aschenbach fica sabendo e poderia sair dali. Mais velho, tinha a saúde suscetível. Podia retornar para sua casa em Munique. Mas não. O amor o faz ficar e ele acabará morrendo, de fato. Mas, quem poderia, de fora, condená-lo por isso? Não deveria ele ter arriscado? Como poderia ter certeza de que não viveria mais? Como saber até se, para ele, o adiamento da morte valeria mais que aqueles instantes felizes?

\*\*\*

Quando chove, tenho um alívio. Como bom carioca, parece que era mesmo para ficar em casa nesses dias. Mesmo assim, ainda prefiro quando faz sol. O sol e a luz. O verão e o calor. Sempre os prefiro. "Alta noite já se ia, ninguém na estrada andava", canta a Marisa Monte. Como será que estão as madrugadas? O distanciamento social é duro porque o mundo não são só as coisas: nós somos o mundo e o mundo somos nós. Estamos desprovidos de um pedaço de nós. Estamos despedaçados. Viramos involuntários ameaçadores uns dos outros? De nós mesmos?

O mundo de que estamos privados é tão constitutivo de nós mesmos que não estamos desprovidos por completo dele somente porque estamos dentro de casa. Ele não é apenas o lá fora. Ele entra e está conosco – mesmo que apenas na forma de um "não mais". Isso ajuda a compreender porque o isolamento, nessas condições, nada tem a ver com férias ou descanso, mesmo para quem tem condições materiais e financeiras para tal. Quem assim o vive provavelmente se isolou de uma maneira mais grave e menos humana do que aquilo que se pede de todos nós atualmente. Às vezes fica difícil até ler um livro.

Estranha-me a ideia de que cuidar do outro e de mim possa significar tomar distância, e acho que é assim para muita gente. Só que, em parte, é disso que agora se trata. Mas talvez só em parte. Não sei se isso se aplica de fato a todas as pessoas, a todos os momentos de vida. No entanto, já está, pronto, é esse o dilema: como conceber que cuidar é se afastar e que amar exige se isolar, quando tudo que se gostaria é aproximar e tocar? Isso está em jogo na violência que alguns de nós sentem quando instados a responder racionalmente ao que se impõe.

Sentimos como se o mundo tivesse virado uma grande sequência de pinturas de Edward Hopper: do lado de fora, lugares vazios e quase fantasmagóricos nos quais as pessoas mantêm distância, solitárias mesmo que próximas; do lado de dentro, quartos e salas onde o tempo se dilata, se estende, quase como se um excesso de normalidade paralisada suscitasse a anormalidade da cena. Ninguém tem, sequer, muito o que dizer, cada um encerrado me si mesmo.

"Tudo em volta está deserto". Quando, no começo dos anos 1970, Caetano compôs e Gal Costa cantou, as palavras dessa canção eram metáforas, mas agora elas ganharam uma surpreendente literalidade. Tudo certo como dois e dois são cinco. É mais ou menos esse o paradoxo que estamos vivendo.

*Tudo vai mal, tudo*
*Tudo mudou não me iludo e contudo*
*A mesma porta sem trinco, o mesmo teto*
*E a mesma Lua a furar nosso zinco*

Confesso que, sempre que escutava essa canção, não ouvia "não me iludo", e sim "num minuto". Como acontece muitas vezes, me apeguei ao meu erro e não quero me separar dele. Portanto, digo que, para nós agora, tudo mudou num minuto (foi tudo muito rápido, não deu nem pra se ajeitar melhor na poltrona antes da turbulência). E o resto fica igual. É a mesma porta sem trinco, é o mesmo teto e é a mesma Lua a furar nosso zinco. Mas ninguém estava preparado. E a verdade é que as telas e as bolas de vôlei não são gente. Nunca gostei muito do Wilson.

# 7x1 para o coronavírus

Na maior vergonha da história do futebol, a seleção do Brasil perdeu por 7x1 para a Alemanha, na semifinal da Copa de 2014, disputada em território nacional. O placar acachapante teve um tanto de inexplicável e outro tanto de muito explicável. O time não era bom como a tradição da camisa que vestia – e tradição ajuda, mas não ganha jogo. Os dois melhores do grupo, o atacante Neymar e o zagueiro Thiago Silva, estavam fora, um por contusão e outro por suspensão. Nem a campanha até ali inspirava confiança. O técnico e o coordenador, que tinham sido vencedores anteriormente, estavam ultrapassados: Felipão e Parreira.

O que chama a atenção, nesse contexto, não é a derrota, mas a descomunal goleada: 7x1. Parte da explicação está em como, diante de uma Alemanha que tinha melhores jogadores, melhor preparação e melhor organização tática, o Brasil lançou-se ingenuamente ao ataque. Veja-se: o problema não está em lançar-se ao ataque, mas no *ingenuamente*. No jogo em si, a seleção parecia contar apenas com os elementos que existem mas não entram em campo: tradição e torcida. E a fé, sempre ela, talvez até aquela segundo a qual Deus é brasileiro. 7x1.

Diante da pandemia do coronavírus, desconfio que o país tem se comportado algo parecido com a seleção de 2014. Nos dois casos, há uma renitente recusa de enxergar suas próprias fraquezas e deficiências. Nos dois casos, há uma negação do poder irredutível de um outro: seja um time, seja um vírus. Talvez não seja mera coincidência que Felipão rasgasse elogios ao general Augusto Pinochet, ditador do Chile nas décadas de 1970 e 1980, e que o presidente do Brasil tenha defendido a tortura e a ditadura militar na sua, e nossa, própria nação. O autoritarismo grassa no país tropical muito além de apenas na esfera estatal.

Jair Bolsonaro chegou a declarar que o brasileiro precisaria ser estudado pois "não pega nada", já que ele viu "um cara pulando no esgoto" e nada aconteceu. Para além da imagem de mau gosto, que naturaliza a realidade miserável, o que se revela aí é uma vontade incontrolável de ignorar a realidade, como se fosse possível, por isso, não se contaminar pelo coronavírus. O forte eco dessa ideia na população tem a ver com um sentimento familiar para quem gosta da seleção de futebol: consideramo-nos invencíveis ou, ao menos, temos a inabalável certeza de que somos melhores do que os outros. 7x1.

Por isso, as derrotas da seleção costumam ser explicadas por circunstâncias e nunca simplesmente porque, do outro lado, podia ter um time melhor. É o craque que teve um piripaque, como Ronaldo em 1998. É o lateral que, displicente, foi arrumar a meia no lance decisivo, como Roberto Carlos em 2006. Nunca é a presença de um gênio, Zidane, do outro lado, e uma ótima seleção francesa. Nós somos sempre, essencialmente, os melhores. Só que às vezes dá ruim.

Pois bem. O coronavírus pode não ser Zidane, nem Paolo Rossi ou Maradona. Mas, como eles, é um outro que exige ser reconhecido como tal para que o Brasil não seja eliminado. O caráter um pouco trágico da história é que, em geral, apenas com o desabamento é que admitimos que esse outro existe. No caso, um outro que nem humano é. Um vírus. Por ora, tratá-lo como uma "gripezinha", que foi o termo empregado pelo presidente, em nada vai ajudar: alimentar esse narcisismo enfurecido e desvairado é precipitar-se na morte. Só isso. E talvez só com a morte é que todo o país seja obrigado a acolher essa alteridade virótica.

Mas pode ser que nem assim. O Brasil pode ter naturalizado a morte a tal ponto que nada atinja seu coração, apesar do desespero. Não acharia espantoso que quando por aqui o número de doentes e mortos alcançar a mesma proporção que levou a Itália a parar e o mundo a olhar assustado para ela, o efeito seja muito menor. Não duvidaria que aqui a vida valha menos, que tenhamos, ao longo de séculos, aceitado, como disse a secretária de cultura Regina Duarte, que pessoas morrem: sempre foi assim e pronto, que seja. No Brasil, morrer de morte matada ou de morte morrida são coisas estranhamente parecidas. Caetano Veloso, desde os anos 1980, mandara o recado, ao criticar os podres poderes do país.

*Enquanto os homens exercem seus podres poderes*
*Morrer e matar de fome, de raiva e de sede*
*São tantas vezes gestos naturais*

Hoje, poderíamos já dizer que, enquanto os homens exercem seus podres poderes, morrer e matar de vírus são tantas vezes gestos naturais. Falei há pouco de tragédia. O horror das mortes nos conduz a essa palavra, mas talvez nem isso seja. Nas tragédias, os protagonistas são heróis. E por aqui eles são personagens macabros e medíocres ao mesmo tempo. Os heróis são os coadjuvantes que trabalham como médicos, enfermeiros, lixeiros, entregadores e afins, ou seja, quem, por convicção ou necessidade, se expõe para que o mundo se sustente.

Para piorar, pode ser também que jamais saibamos exatamente qual foi o tamanho da calamidade por aqui. Em todos os países deve haver subnotificação de casos de covid-19, uma vez que a novidade do vírus e a sua velocidade desafiam o acompanhamento rigoroso. No Brasil, porém, subnotificação é eufemismo. Parece que ninguém tem a menor ideia do que se passa. Hoje, dia 9 de maio, dados oficiais falam de cerca de 150 mil casos, enquanto uma pesquisa universitária sugere quase dois milhões. Não há possibilidade de saber a dimensão da peste diante de números tão díspares assim, o que favorece a resignação.

Sem direção ou dirigente, com o pior presidente das últimas três décadas, diante de uma pandemia, o Brasil mete medo. E suas piores feições aparecem. No estado do Pará, onde foi decretado o famoso *lockdown*, apenas serviços essenciais podem continuar em funcionamento, justificando deslocamentos daqueles que os exercem. O resto das pessoas deve ficar em casa, para estancar o descontrolado crescimento da doença. Pois bem: empregadas domésticas foram consideradas serviços essenciais. O ranço escravocrata da elite do país insiste.

No Brasil, usando o trocadilho que se tornou irresistível, a pandemia vem acompanhada do pandemônio. Como diria Torquato Neto: "eu, brasileiro, confesso, minha culpa, meu pecado". Confesso a minha aflição, a negra solidão. Tropical melancolia. Na voz de Gilberto Gil, a letra canta o pessimismo do país.

*Aqui é o fim do mundo*
*Aqui é o fim do mundo*
*Aqui é o fim do mundo*

*Minha terra tem palmeiras*
*Onde sopra o vento forte*
*Da fome, do medo e muito*
*Principalmente da morte*
*Olelê, lalá*

O vento nem precisa soprar forte para que o vírus se transmita. Basta que partilhemos o mesmo ar e pronto. Como nas filas em que os pobres esperam em frente aos bancos, podendo contaminar uns aos outros, para receber uma ajuda do governo de meros 600 reais, uma vez que a maioria está sem trabalhar. E como no Brasil desgraça pouca é bobagem, já correm notícias de que agiotas e milicianos, sabendo quem tem direito a essa ajuda, cobram dívidas, dízimos, porcentagens. Diante disso, fica complicado endossar na prática, mesmo que se concorde por princípio, o liberalismo defendido por gente como o ex-candidato à presidência João Amoedo, que afirmou que era contra tal ajuda ser dada diretamente na forma de remédios e comida porque se deve preservar o direito de escolha do indivíduo do que fazer com o dinheiro. O Brasil, como dizia o mestre Tom Jobim, não é mesmo para principiantes. Talvez nem para iniciados.

Por aqui, é cada um por si e o vírus contra todos. O desamparo das pessoas, especialmente das pobres, é como que redobrado. Hoje morreram, aparentemente, cinco pessoas internadas com covid-19 em um hospital público. Não foi o vírus, porém, que as matou. É que faltou luz e os respiradores pararam. Segundo os enfermeiros, o gerador não funcionou. Mas a história não acaba aí. Pelo menos até agora, a hipótese mais cotada para a queda de energia seria um tiro que atingiu fios da rede elétrica. Simples assim: uma bala perdida. Puf.

Embora o papel do governo Bolsonaro seja no mínimo desastroso, a terrível situação do Brasil com a pandemia deve-se também à sua história pregressa de longo prazo. Como ficar em casa quando esta é um cubículo dividido por oito, dez, doze pessoas? Como não ir trabalhar sem poupança ou auxílio? Como manter a higiene sem saneamento básico? Como lavar as mãos sem dinheiro para sabonete? Ou mesmo sem água? O país é precário assim para seu povo desde sempre. Entre um projeto cruel e um hábito indiferente, seguimos.

Como era de se esperar, a pandemia evidencia nosso déficit social sem dó nem piedade. Um colega que não considera tão grave o que se passa argumentou comigo que a falta de leitos de tratamento intensivo nos hospitais não foi causada pela pandemia, pois é um problema crônico do sistema de saúde. Ele tem razão: um vírus nunca poderia causar falta de leitos. O que a causa é falta de investimento e organização. Mas há cinismo na argumentação, pois, se ela for verdade, tanto pior: uma estrutura operando no limite será exigida ainda mais.

Nem preciso dizer que esse colega, caso seja contaminado com covid-19, poderá dispensar o Sistema Único de Saúde, o SUS, e procurar um hospital privado para se tratar. Não precisará do serviço público. Tampouco eu, que tenho um bom plano de saúde. Nós, que pertencemos às classes privilegiadas, temos menos chances de pegar o vírus, pois possuímos melhores condições materiais para ficar em casa, e, se pegarmos, temos mais chances de nos curarmos, pois contamos com acesso às melhores condições de tratamento, mediante pagamento.

No meio disso tudo, o crime organizado também exerce seu papel. Não falo da parte do crime, mas sim da organização. Pois, numa dessas torções que são a cara do Brasil, os traficantes de drogas de algumas favelas instituíram quarentena nas suas comunidades, enquanto o governo manda as pessoas voltarem para o trabalho e apronta uma crise política atrás da outra, relacionada ou não com a pandemia. Parece que não apenas temos o crime organizado como a única coisa organizada no país é o crime. Como dizia Millôr Fernandes, temos um longo passado pela frente. E ele fica cada vez mais longo.

Tão longo que parece que perdemos qualquer desenho ou forma que uma vez achamos ter do país. Mais do que uma forma terrível, a apreensão contemporânea do Brasil é a do informe monstruoso. Os contornos se perderam, bem como a linguagem que os sustentava. Restaram a brutalidade despudorada e a desfaçatez, que são elogiadas pela sinceridade. Mas, expor o horror de si não é mérito, é falta de vergonha. Os dias passam e acompanhamos, junto, a incessante evolução da pandemia e do autoritarismo no país. Ninguém os impede.

Lembro-me que, quando assistia o jogo entre Brasil e Alemanha na Copa, fiquei atordoado porque saía um gol, e depois outro, e mais outro. Parecia que, a cada ataque, sofreríamos mais um gol. E o futebol tem um tempo como o da vida: contínuo, sem parar. É diferente de esportes nos quais se pode interromper: vôlei, basquete. Ou nos quais se para toda hora a cada ponto, como o tênis. No futebol, e suspeito que esse é um dos seus fascínios, a bola rola e o tempo idem. Meu temor é que as mortes no Brasil evoluam como os gols da Alemanha.

Aqui é o fim do mundo.

Os acontecimentos do Brasil durante a pandemia confirmam a velha sensação de que, por aqui, há uma clivagem: pouca coisa boa vem da política e muita coisa boa vem da cultura. O que só agrava a tristeza pelas mortes de tantos artistas, como Moraes Moreira, Aldir Blanc, Rubem Fonseca, Luiz Alfredo Garcia-Roza e Sérgio Sant'Anna. Claro que nem todos por covid-19. Mas, ainda assim. Eles nos dão força não apenas pelo que produziram, mas por serem também produtos do Brasil. O país também é isso.

Digo isso a mim mesmo, tentando não reduzir nosso sentimento de nação àquele que a jornalista Dorrit Harazim, na esteira de Carlo Ginzburg, aconselha:[1] a vergonha. Ela está certa ao defender que, coletivamente, a vergonha, por oposição à simples indignação, é bem mais interessante para pensar e fazer pensar. É o contrário do ufanismo tolo e se enraíza mais profundamente em nós. Não confio, porém, na interiorização ensimesmada que pode se insinuar na vergonha. O Brasil não deve se intimidar diante de si mesmo, sob o risco de perder o que tem de melhor. E, embora agora seja difícil dizer isso, há muito de bom.

Por isso, acho que também nos cabe, nessa hora, lembrar que, assim como tivemos Felipão, também tivemos João Saldanha e Telê Santana no futebol. E que temos o Gil e o Torquato. E que, se eles falaram que "aqui é o fim do mundo", um outro músico, mais velho, também cantou uma vez o juízo final, só que deixando, do fundo de sua melancolia própria, um fio de esperança e beleza. O Brasil pode e talvez até deva nos envergonhar. Mas não somente. Para encarar o longo passado que temos pela frente, contamos com altos momentos que esse passado também conheceu, como os versos de Nelson Cavaquinho.

*O sol há de brilhar mais uma vez*
*A luz há de chegar aos corações*
*O mal será queimada a semente*
*O amor será eterno novamente*

*É o juízo final*
*A história do bem e do mal*
*Quero ter olhos pra ver*
*A maldade desaparecer*

a arte de perder

"Para mim, em breve, será só escuridão". Essas foram as palavras que Sérgio Sant'Anna escolheu para terminar seu conto publicado dia 26 de abril no jornal *Folha de S. Paulo*. O texto recorda um treino de futebol do seu amado Fluminense nos anos 1950 e impressiona pelos detalhes. O golpe de mestre, entretanto, está no narrador: a trave. Quem nos conta o conto é a trave do gol. Ela já está velha. Confessa que funcionários do clube foram vê-la e deram um veredicto: tem que trocar, pode até dar cupim. "Em breve meu tempo terá passado", diz.

Sérgio morreu dia 10 de maio em decorrência do coronavírus. É assustador ler o conto sabendo disso, parece que a trave falava por ele, uma profecia assombrosa. É sempre perturbadora a ideia de que alguém pressente a sua própria morte, mesmo alguém que estava doente. Sérgio fazia muitos posts no Facebook, o que dava uma sensação de proximidade. Em um deles, semanas antes de morrer, admitia achar essa peste que nos assola aterrorizante e afirmava que só sabia responder a isso escrevendo. Foi o que fez até o fim. Isso é um escritor.

Mesmo quem não é, porém, pode entender a pressa que parecia ter o Sérgio. A consciência de que vamos morrer, a consciência da nossa finitude, pode ter esse efeito. Uma pressa que é desejo de viver. É que, para ele, viver era escrever, e escrever talvez fosse mais até que viver. O que está em jogo, contudo, é a mesma coisa: o tempo finito que temos, ou melhor, que nós somos. Com a pandemia, é provável que ela, de quem tentamos manter distância, chegue perto de nós: não a morte em si apenas, mas a mortalidade que nos constitui.

Logo antes disso tudo começar, tinha falecido o Max von Sydow, ator sueco que deu vida, no filme *O sétimo selo* de Ingmar Bergman, ao cavaleiro Antonius Block. O enredo se passa na Idade Média. Narra seu retorno da Cruzada da Fé para a terra natal, onde está a peste, o que suscita uma consciência da morte. O cavaleiro engaja-se em um jogo de xadrez com ela, que aparece como um personagem, vestida de preto. Block descobre no fim, e Sydow anos depois, que ninguém vence a morte. Mas ganhou uns dias de vida enquanto jogava com ela.

Para boa parte de nós, a pandemia de covid-19 infunde um medo da morte. Isso enseja medidas concretas que ajudam a evitá-la: distanciar-se das outras pessoas que podem portar o vírus, lavar as mãos e até os produtos, usar máscaras no rosto. São medidas objetivas de proteção, que podem ajudar a preservar a vida. O medo nos oferece o que fazer, pois ele possui um objeto definido ao qual se dirige, mesmo que se trate de algo invisível, como o vírus.

No entanto, além do medo, a pandemia também pode despertar a angústia. Não me refiro só ao quadro clínico patológico da angústia, e sim à disposição que a filosofia, desde Kierkegaard no século XIX, distingue do medo precisamente porque não se refere a um objeto específico no interior do mundo, mas à nossa própria presença finita nele. O que angustia na angústia somos nós mesmos. Por isso, a angústia nos deixa meio perdidos, sem ter o que fazer. Com ela, não se trata mais de evitar a morte, mas de compreender a vida mortal que temos.

Nesse sentido, o medo pode ser vencido sem que mudemos

nada em nós, enquanto a angústia, que não pode ser vencida mas apenas experimentada, exige a reconsideração da liberdade de nossa presença no mundo. Em outras palavras, o medo nos dá o que fazer e a angústia coloca em jogo o nosso ser.

Talvez, e só talvez, a parada obrigatória que a pandemia forçou para todos possa fazer pensar. Não digo pensar só nos destinos do mundo, do Estado, do capitalismo e da modernidade, como os filósofos têm feito, embora isso tenha o seu interesse. Refiro-me a pensar, cada um em seu íntimo, o sentido do que fazemos e queremos a partir dessa interrupção do que vínhamos fazendo e querendo. Um amigo querido se perguntou outro dia o valor de tanta filosofia que aprendeu até aqui. Por angustiante que seja, é uma chance de reconsiderar a vida.

O esvaziamento de nossas ocupações diárias anteriores ou a sua exacerbação sem as folgas e respiros de antigamente podem trazer à tona a questão de seu sentido, do que elas valem para nós. Por falta ou excesso, por tédio ou fartura, podemos perder a naturalidade familiar com nós mesmos e nos estranhar, até mesmo ao ponto de pensar o que antes não se pensava. Pode ser cedo ainda para formular bem que tipo de suspensão é esta, mas ela está aí. Pois a morte não é o oposto da vida, é seu avesso. Ela é que nos faz ver a finitude da existência.

Por isso mesmo, também há a possibilidade de fugirmos da angústia. Pois ela nos lança cara a cara conosco e com o mundo em que não temos muitos amparos. Desconfio inclusive que o apelo dos motes de retorno ao trabalho e volta à normalidade – para além de necessidades reais e dos desejos pujantes, já que nos foi subtraído o próprio convívio amoroso com as outras pessoas – tem força não apenas por causa da economia, mas porque carrega a esperança de acabar com a angústia, de tapar o buraco que foi cavado por um reles vírus.

O problema é que não foi o vírus que cavou esse buraco. Ele já estava lá, e sempre está, como sabiam os filósofos existencialistas. As condições da pandemia podem fazer olharmos para ele. É um vazio, mas cuja abertura nos faz livres. Ou seja, se tudo fosse preenchido, não haveria margem de liberdade. O nada, que mora no coração do ser, permite deixarmos de ser o que éramos e nos tornarmos outros (na sua poesia, Fernando Pessoa falava de um "outrar-se"). Esse nada impede que nos definamos de uma vez por todas: põe aventura na vida.

Evidentemente, essa especulação um tanto metafísica convive com pressões ordinárias e terríveis que são as pessoas morrendo, como o próprio Sérgio: deixando de ser. Mas o resto de nós, muitos reclusos em casa, é afetado também às vezes por essa "clara noite" da angústia. É como se a abrupta e radical desarrumação do sentido do mundo deixasse um vazio ou um nada que, por não estar ocupado, permite que o sentir e o pensar se refaçam de outra forma, diferentemente de antes. Nada mais é tão certo. O futuro está perigosamente em aberto.

Como se ignora ainda a duração da pandemia no tempo e os estragos dela na sociedade, há um abismo, como diria o teórico Reinhart Koselleck, entre como concebemos nosso espaço de experiência e nosso horizonte de expectativa.[1] Isso é que causa angústia, essa espécie de soltura incerta do presente. Quantos de nós têm segurança que os seus empregos, ou até suas profissões, ainda estarão aí em dois anos? Quantos estão convictos que vão continuar querendo viver do mesmo jeito? Tudo isso pode significar uma fissura no ser.

Teremos perdas. Já estamos tendo. Não somente em relação aos que morrem, mas a um certo modo de viver. Teremos que incorporá-las, achar um lugar no qual a dor dispense a sua cura. Elizabeth Bishop, a poeta norte-americana que viveu no Brasil, tem conhecidos versos nos quais ela tenta, justamente, apresentar "uma arte", ou seja, um ofício, um saber, sobre o perder. Na ótima tradução de Paulo Henriques Britto, o poema pode nos ensinar alguma coisa.

*A arte de perder não é nenhum mistério;*
*Tantas coisas contêm em si o acidente*
*De perdê-las, que perder não é nada sério.*

*Perca um pouquinho a cada dia. Aceite, austero,*
*A chave perdida, a hora gasta bestamente.*
*A arte de perder não é nenhum mistério.*

*Depois perca mais rápido, com mais critério:*
*Lugares, nomes, a escala subseqüente*
*Da viagem não feita. Nada disso é sério.*

*Perdi o relógio de mamãe. Ah! E nem quero*
*Lembrar a perda de três casas excelentes.*
*A arte de perder não é nenhum mistério.*

*Perdi duas cidades lindas. E um império*
*Que era meu, dois rios, e mais um continente.*
*Tenho saudade deles. Mas não é nada sério.*

*– Mesmo perder você (a voz, o riso etéreo*
*que eu amo) não muda nada. Pois é evidente*
*que a arte de perder não chega a ser mistério*
*por muito que pareça (Escreve!) muito sério.*[2]

Essa pedagogia pode nos fazer aprender exatamente que, em cada perda, da menor até a maior, insinua-se a morte. E que, portanto, a morte não é apenas aquele "depois da vida" sobre o qual tanto se especula, mas também o elemento interno que dá à vida seu tempo, que faz da vida algo no tempo. Esses versos talvez possam vir a constituir o epílogo do que está por vir. Escreve!

De novo, Sérgio Sant'Anna. Ele queria escrever enquanto houvesse tempo. E penso na quantidade enorme de textos, como este aqui, que desde o começo do ano são escritos sobre a pandemia. Por um lado, é claro, o tema se impõe e convoca compreensão para nos aproximarmos dele. Por outro, acredito que há uma vontade de escrever sobre ele no sentido do poema da Bishop: um misto de testemunho e aviso, de lembrança e recomendação. Escrevendo, retemos aquilo que está se passando e advertimos sobre o que ainda pode estar por vir.

Desde os primórdios, a escrita teve essa dupla função: guardar e anunciar. Nos dois casos, ela era uma tentativa de vencer o esquecimento, do passado e no futuro. Para não esquecer o que se passou ontem, registramos. Uma salvaguarda. (Na Grécia, Platão[3] condenou a escrita porque, com ela, nos desincumbiríamos de lembrar as coisas por nós mesmos: a memória deixaria de se localizar dentro de nós e ficaria guardada fora.) Já para não esquecermos o que devemos fazer amanhã, anotamos, como quando usamos um post-it.

Em 10 de maio, o jornal *O Globo* publicou uma edição exemplar nesse sentido. O Brasil tivera dez mil mortes confirmadas por covid-19 no dia anterior. O jornal carioca, diante desse quadro, publicou o nome e uma história de cada uma dessas pessoas, a fim de que algo, além do número frio da estatística dos dez mil, pudesse ser conservado. Essa escrita pretendia guardar o que estava se perdendo, sobretudo por não haver enterros em muitos casos devido ao perigo de contágio; a escrita também denunciava o que poderia nos aguardar. O pior.

Escrever deve ser ainda a forma de se tentar confirmar o que vivemos, já que parece inacreditável. Isso: escrever é uma forma de acreditar, de fazer crer. É de fato o que está acontecendo. Como se precisássemos dar forma a um conteúdo que ainda nos escapa, nos desafia, nos estarrece. É um modo de, a cada dia, saber que estamos de fato acordados, não dormindo ou sonhando. Pois essas duas coisas às vezes parecem se misturar confusamente na rotina insólita da pandemia.

Vimos, no século XXI, guerras, atentados e crises financeiras que dificultavam a vida acordada. Assistimos, no cinema, sonhos com alienígenas, asteroides, zumbis, aquecimentos, congelamentos e até epidemias que acabam com o mundo. Filmes de Hollywood nos deram diversas versões de causas não-humanas para o fim dos humanos. Como afirmou Fredric Jameson, a julgar pela produção do cinema comercial, parece que ficou mais fácil conceber o fim do mundo do que o fim do capitalismo, já que revoluções sociais foram raramente encenadas.[4]

Entre os filmes sobre o fim do mundo, um que se destaca é *Melancolia*, de Lars von Trier. O diretor dinamarquês pôs em cena dois personagens com modos de vida opostos diante da iminente colisão de um planeta com a Terra: uma melancólica, interpretada por Kirsten Dunst, e um pragmático, interpretado por Kiefer Sutherland (o ator que encarnara o agente antiterrorista americano Jack Bauer na série *24 horas*: um ícone pragmático). Ela lida melhor com o desastre. Já era versada na arte de perder, ele somente na de ganhar. O sujeito se prepara, estoca mantimentos e tudo o mais, contudo, quando fica claro que não dá para vencer o jogo de xadrez, suicida-se. Já ela encontra um conforto simbólico: faz uma cabana imaginária na qual se abriga com a irmã e o sobrinho. O mundo acaba.

Trata-se de um raro filme sobre o fim do mundo no qual o mundo de fato acaba. Na maior parte das vezes, um herói ou super-herói salva a pátria, quer dizer, o planeta, ou então um grupo de pessoas consegue escapar e caberá a ele recomeçar a aventura humana na Terra. Filmes sobre fim do mundo costumam ser filmes sobre o quase fim do mundo. Não o do Lars von Trier. Tudo acaba mesmo. Como eu não tenho qualquer simpatia por ele e tampouco por essa ideia, embora goste muito do filme, devo dizer que outro dia, lendo o texto de um amigo sobre a pandemia que era bastante triste, só consegui me ater a uma frase, no meio daquela tristeza: a pandemia vai passar. Ele a tinha escrito como um mero detalhe. Para mim, a frase diz muito, mesmo que a pandemia não passe tão cedo.

Pois, embora a morte seja o nosso destino certo e irrevogável, nossa presença no mundo não ganha o seu sentido por causa disso. O medo da morte pode acordar certa lucidez mas, como observou o filósofo José Gil, não deve nos dominar na pandemia, pois ele encolhe o espaço, suspende o tempo, paralisa o corpo.[5] É preciso ter um medo desse medo. Mesmo a angústia, que nos coloca em relação com a finitude, não o faz em nome da morte, e sim da vida e de sua liberdade no tempo breve em que existimos. Como escreveu Hannah Arendt, os seres humanos, "embora devam morrer, não nascem para morrer, mas para começar".[6]

Sérgio Sant'Anna parecia saber bem das duas coisas. No dia 5 de abril, ele publicou um post no Facebook em que dizia que Jorge Luis Borges tem um conto no qual o personagem, um escritor, à beira da morte consegue de Deus que o seu tempo final seja elástico o suficiente para terminar um romance. "Queria isso para a minha novelinha e todo o livro a que ela pertence", disse Sérgio, "e confesso que rezo todo dia". É este o valor da vida que a morte traz. Sérgio morreu começando. Só queria mais tempo para escrever. Foi-se, dando início. Aos 78 anos.

# o amor nos tempos do vírus

No início da pandemia, abundaram os memes que circulavam pelo WhatsApp. Divertiam muito. Havia um áudio de crianças gritando em uníssono "corona" ao comemorarem um cancelamento das aulas. Fotos de pessoas com o cabelo horroroso e uma legenda dizendo que todos ficaríamos assim após os cortes caseiros na quarentena. Um desenho com dinossauros assistindo um meteoro cair e conversando se deveriam comprar papel higiênico, numa referência ao fato de que esse item esgotara nos mercados quando as primeiras notícias do vírus surgiram. Realmente, é curioso que, numa situação de emergência, pessoas se preocupem logo com isso. Eram gargalhadas todo dia. Parece um passado distante.

Nesse passado, ainda usávamos sem muita autoconsciência o termo "viralizar" para designar os vídeos e memes compartilhados rapidamente e que "atingiam" milhares ou milhões de pessoas. Ninguém mais falará assim sem uma ponta de mal-estar. Nossa linguagem tinha ingenuamente se apegado a uma metáfora que, quando se tornou a verdade concreta das coisas, perdeu a sua inocência. Quem viraliza agora é o próprio vírus. E ele atinge a saúde das pessoas, ou a sua liberdade. É provável que passemos a ter mais pudor com a palavra.

Pouco a pouco, os memes foram sumindo. Ninguém fazia

ou achava graça em nada na situação. Os humores foram ficando mais sombrios. Depois dessa leva inicial, apenas de vez em quando surge algum novo meme. Um deles chamou minha atenção. Era como uma mensagem de Twitter que dizia: eu achava ridículo personagens fazendo sexo em filmes apocalípticos, quem iria transar com todo mundo morrendo? Na sequência, a mensagem completava: quero, quero muito! E admitia: mudei minha opinião. O meme arrancou um pequeno sorriso.

Talvez, entretanto, ele tivesse passado despercebido por mim, não fosse o fato de que o recebi no mesmo dia em que li uma entrevista do psicanalista Contardo Calligaris. Tocou-me o que ele falava sobre como a pandemia poderia deixar de herança uma desconfiança das pessoas entre si. Não a desconfiança moral, mas a do contato físico, do toque. Perguntado sobre o medo residual que a peste pode nos legar, ele respondia que, apesar disso, *in sex we trust*. Confiamos não no Deus inscrito na nota de dólar, mas no sexo.[1] O sexo vencerá o medo?

Contardo Calligaris, com a sensibilidade de psicanalista, referia-se a como pensamos, em geral, nas interdições da quarentena referentes a ir a um bar, dar uma volta e ter que ficar com as crianças o tempo todo, mas esquecemos dos acidentados do sexo e do amor. Ele pergunta: vocês imaginam como o confinamento caiu para pessoas que tinham acabado de se apaixonar ou que estavam prestes a se separar? Não são questões menores, mas dizem respeito à vida e não à morte, e parece que agora tudo dessa natureza está um pouco sem lugar entre nós.

No meio disso, há também casais que, antes distantes, enamoraram-se de novo na quarentena. E situações alegres como uma que ouvi recentemente. Uma amiga sozinha há mais de um ano confinara-se junto com uma família de amigos dela. Durante a quarentena, começou a trocar mensagens e telefonemas com um rapaz que conhecia e os dois engataram um namoro. Ela não teve dúvidas e, assim que houve uma chance, foi até ele.

Calligaris comenta como a história humana está cheia de exemplos de pessoas que arriscam a vida por sexo e amor; eles é que poderão nos dar a coragem para sair dessa situação.

Li outro dia especialistas que afirmavam também que, ao longo do tempo, pandemias muitas vezes não acabaram por razões médicas, mas deixaram de ser determinantes por razões sociais. Em outras palavras: não acharam remédio ou vacina que extirpasse a doença; as pessoas só cansaram e aceitaram viver com os novos riscos. Pelos seus cálculos, valia mais a pena voltar à vida. Deviam querer sexo e amor. E mundo. Suponho que nós aceitamos os atuais impedimentos pois julgamos que serão temporários. Se fossem definitivos, quantos topariam?

O filósofo Slavoj Žižek, esperançoso de que a pandemia venha a ser o golpe de morte no capitalismo, chamou o coronavírus de "subversivo".[2] Não sei se é possível ser assertivo assim. Mas talvez dê para arriscar, como o poeta mexicano Octavio Paz, que o sexo é que é subversivo.[3] Dada a época em que ele escreveu, os anos 1990, no livro *A dupla chama: amor e erotismo*, acredito que sua atenção estivesse voltada para outra pandemia: a da aids. Se a nossa faz temer o contato físico em geral, aquela trazia o medo específico das relações sexuais.

Comparando as duas epidemias, a aids era mais letal, embora menos gente se contaminasse, enquanto a covid é menos letal, porém há mais gente atingida. O assustador do coronavírus é a facilidade da transmissão, ainda que a maior parte dos contaminados tenha sintomas leves. No belo livro *A doença e o tempo*, de 2019, Eduardo Jardim, ao estudar a aids, levantou a hipótese de que a ameaça da morte trazida por ela pudesse fazer as pessoas darem mais valor à vida.[4] Será que a covid-19 dará uma chance assim para nós, ou apenas reforçará o medo?

*In sex we trust.*

Sexo é prazer, mas é sobretudo prazer pelo contato e no contato. Não por acaso, a masturbação é chamada de prazer solitário. Por isso, é o sexo, ao contrário, que pode vencer o resíduo de medo que ficará. Ele é promessa de prazer que depende dos outros. O sexo é, simultaneamente, mergulho em si pela imaginação e abandono ao outro que a desperta e estimula. Não se faz sexo só com o corpo, e isso está longe de um arroubo romântico. O sexo, entre humanos, tem fantasia – e a fantasia gosta de estímulos mundanos. No seu romance *O museu da inocência*, Orhan Pamuk descreveu assim o sexo dos personagens.

> *Já estávamos aos beijos e logo nos amávamos com alegria. Dessa vez nos excitamos tanto, e nosso amor nos intoxicou a tal ponto que nos sentimos transportados para um local imaginário, num outro planeta. Na minha imaginação, era uma superfície estranha, uma ilha silenciosa, deserta e rochosa, as primeiras fotografias da Lua. Mais tarde Füssun me contaria a sua visão: um jardim escuro com uma densa cobertura de árvores, uma janela dando para o panorama e, à distância, o mar e uma colina amarela onde girassóis balançavam ao vento. Cenas assim ocorriam nos momentos em que nosso amor nos surpreendia – por exemplo, quando eu punha o seio de Füssun e seu mamilo maduro em minha boca, ou quando Füssun mergulhava o nariz no ponto em que meu pescoço encontrava meus ombros e me apertava em seus braços com toda força, ou quando líamos nos olhos um do outro uma intimidade espantosa que nenhum dos dois jamais sentira antes.*[5]

Embora cada um dos amantes tenha sido transportado para um lugar diferente, ambos só foram lá por causa e através do outro: a Lua e o jardim. O sexo é uma excitação da pele e da mente. O seio e o mamilo maduro, a boca e o nariz, o pescoço, os ombros e os braços: viajam até a Lua e passeiam pelo jardim; ou talvez sejam a Lua e o jardim que subitamente se alojem na superfície do corpo.

O abandono ao outro no amor sexual já é sempre uma coragem. Não é por pouco que nos deixamos assim à mercê. Uma entrega. Mas a recompensa, a cada vez, confirma: vale a pena. Pelo outro e com o outro, tudo se vivifica. O risco que será sair no mundo vai valer por isso. Não só por objetivamente encontrar outros com quem se possa fazer sexo mas, sobretudo, para ser excitado pelas surpresas do mundo que constituem a animação erótica em geral. Chega uma hora na qual, como cantavam os Titãs, "a gente não quer só comida".

*A gente não quer só comida*
*A gente quer comida*
*Diversão e arte*
*A gente não quer só comida*
*A gente quer saída*
*Para qualquer parte*

*A gente não quer só comida*
*A gente quer bebida*
*Diversão, balé*
*A gente não quer só comida*
*A gente quer a vida*
*Como a vida quer*

*(...)*

*A gente não quer só comer*
*A gente quer comer*
*E quer fazer amor*
*A gente não quer só comer*
*A gente quer prazer*
*Pra aliviar a dor*

*A gente não quer só dinheiro*
*A gente quer dinheiro*
*E felicidade*
*A gente não quer só dinheiro*
*A gente quer inteiro*
*E não pela metade*

Uma vez que não somos somente animais, comida não nos basta: a gente quer comer e quer fazer amor. E quanto maior a dor, mais buscamos prazer, para aliviá-la. Isso responde à indagação daquele meme. No apocalipse, queremos sexo sim. Por algum tempo podemos até aceitar a vida pela metade, mas uma hora vamos querê-la por inteiro. Para alcançar isso, a gente quer saída para qualquer parte (hoje, literalmente). Sexo e amor também são formas de sair. De sair de si. De encontrar um outro, até mesmo o outro em nós que desconhecíamos. Quantas vezes não somos surpreendidos com nós mesmos no sexo?

Racionalmente, formou-se uma unanimidade em quase todo o mundo, durante a pandemia, que deveríamos nos separar, a fim de preservar a vida. Nelson Rodrigues gostava de dizer que toda unanimidade é burra. O problema é que, ao menos no Brasil, a alternativa que se pronuncia fora da unanimidade, através do poder, é ainda mais burra, seguramente. O que só reforça a coesão da unanimidade. O problema com isso é perdermos contato com os impasses da situação em que estamos.

*Se achávamos prudente e boa a separação,*
*Por que ela nos assustou como um assassinato?*
*Quão pouco de nós sabemos, nós*
*Em cujas almas um deus impera?*[6]

Esses versos são de *O adeus*, do poeta romântico alemão Friedrich Hölderlin. Ele parece narrar uma separação de amantes, que teria sido prudente e boa, ou seja, racionalmente calculada. Mas, depois, veio o susto violento, como se fosse um assassinato. Entre nós, eu não sei quantas pessoas sentem esse susto após o distanciamento social exigido contra a covid-19. O conformismo é tão preocupante quanto a leviandade, mesmo que seja coerente e racional. Espero que não se deva ao que Hölderlin antecipava no poema: que a era moderna acabou com o amor por não tolerar que cada um se perdesse (ou achasse) junto ao outro.

*Isso eu já sabia; desde que, informe e enraizado,*
*O medo veio separar os homens dos deuses,*
*Deve, expiando-o com seu próprio sangue,*
*Morrer o coração dos amantes.*

Parece que, para Hölderlin, o medo – o medo dessa entrega pela qual deixamos um pouco de nós com o outro – ameaça o amor. E ele está certo. O ponto é apenas que, invertendo a fórmula, o amor é uma coragem. Daí que Octavio Paz o tenha considerado subversivo. Como o medo do contato com os outros nos acossa por todo lado, o amor nos tempos do vírus talvez se torne decisivo.

O amor, sim. E o sexo. Pois o amor comporta ainda a distância platônica. Já o sexo, não. Ele quer corpo. Ele é movido por uma sedução que parece irresistível. Não é só visão. É tato. Não é só convívio, é mergulho. Isso tem algo a ver com o mar, que pode oferecer um prazer contemplativo, bem como exercer uma atração física. Para mim, o mar não fascina apenas de longe pelo olhar, e sim de perto, junto: a água salgada levanta o corpo e o cheiro impregna. Quando, dias atrás, saí, como permitido, para passear pelo calçadão de Ipanema, dei-me conta de que observar o mar me parecia um convite. Que não recusei; e, mesmo indo contra as recomendações e o pequeno medo de infringi-las, mergulhei.

*In sex we trust*. Ele vence o medo.

No caso do temor despertado pela covid-19, o sexo é ainda mais poderoso pois o medo da morte, agora, vem expresso como medo do outro, e é o encontro com esse outro, entretanto, que nos promete o prazer erótico. O filósofo José Gil afirmou que, na pandemia, o outro se tornou o mal radical. É a ameaça, pois porta o vírus, ou pode portar. É um inimigo involuntário, que pode ser um estranho ou seu irmão. Tanto faz. Diante disso, são ainda mais nobres os episódios de solidariedade. Não têm sido poucos. Mas, a solidariedade é um valor ético que interessa pelos laços que estabelece impessoalmente. É cívica. O sexo, ao contrário, é íntimo e pessoal. Uma é racional e emotiva. O outro é corporal e carnal.

É claro que, por um lado, o amor erótico nada quer saber do mundo. Para os amantes, muitas vezes basta um quarto ou uma cama, e eles próprios. Mesmo Hannah Arendt, uma pensadora que falou do amor ao mundo, observou algumas vezes que, em outro sentido, o amor poderia ser apolítico, na medida em que não requer a pluralidade dos muitos, que é propenso a uma exclusividade. Os amantes querem a si. Não lhes é incomum dizer: o mundo poderia acabar lá fora.

Com boa parte das pessoas reclusas, se poderia esperar certa paz, e a violência urbana diminuiu no Rio, mas ainda assim a violência policial continua, em geral contra negros e pobres. Mas, mesmo se aquela paz de fato viesse, seria como a "paz dos cemitérios", uma metáfora que nunca foi tão real. É claro que, sem vivermos no mundo e apenas sobrevivendo, a violência humana poderia arrefecer, enquanto as mortes se multiplicariam por causa da pandemia. Seria uma paz negativa. Mas há uma outra: a "paz que o sexo traz", como canta Caetano Veloso na mais bela música de seu último disco. Trata-se de uma paz positiva.

*O relógio parou,*
*Mas o sol penetrou entre os pelos brasis*
*Que definem sua perna e a nossa vida eterna,*
*Você se consterna e diz*
*"Não, não se pode, ninguém, pode ser tão feliz"*
*Eu queria parar*
*Nesse instante de nunca parar*
*Nós instituímos esse lugar*
*Nada virá*

O amor é capaz de instituir um lugar pelos e para os amantes. Esse lugar é deles, só deles. É uma Lua que não carece de Terra. Uma solidão a dois. Nela, não se pode ser mais feliz. É um instante que foge do tempo, ou pelo menos do tempo linear. Nele, não há antes nem depois, apenas o momento do prazer e do sexo: o sol penetrou. Não é somente visão; é o toque. Tudo se basta e se abraça. Eu queria parar nesse instante de nunca parar. Essa é uma face do amor cuja intensidade é quase negar o mundo e afirmar só a si. Mas ela não é a única.

Há outra. O amor reacende também a energia para a vida toda. Quem está sob a paixão alegre do amor se sente mais potente; não quer se afastar do mundo, mas partilhá-lo junto. Há um erotismo que passa pela descoberta conjunta do real, de tudo o que é. Essa é a beleza lírica que se experimenta na mais comovente canção de todo o movimento tropicalista, a simples "Baby". "Você, precisa saber da piscina, da margarina, da Carolina, da gasolina, você precisa saber de mim", é o que diz a letra de Caetano Veloso na voz de Gal Costa. O mundo – com piscina e margarina – é envolvido na descoberta erótica dos amantes.

*Você*
*Precisa tomar um sorvete*
*Na lanchonete*

*Andar com a gente*
*Me ver de perto*
*Ouvir aquela canção do Roberto*

Você não precisa só andar comigo, mas com a gente, pois uma pessoa traz consigo o seu mundo. Uma lanchonete. Sorvete. Uma canção do Roberto Carlos. O otimismo singelo da música brotou do contexto do Brasil de 1968, no período do governo militar, em que se vivia uma ditadura. Também lá seria possível reclamar, como no meio de uma pandemia, que não havia tempo para amar, uma vez que os anos eram de chumbo. Mas, baby, o sexo faz o seu tempo. Lá como cá. E o amor é essa coragem lírica diante do horror épico. Não dispensa o mundo, antes o quer descobrir e redescobrir de novo.

# solidão no isolamento

Billie Holiday é a maior cantora que já escutei na vida. É uma voz que vem de um buraco sombrio da alma mas do qual, por uma transfiguração estética sem igual, a beleza pura e seca reluz. Ela canta "Solitude" e não há quem possa deixar de sentir essa solidão, que é uma privação. Sem seu amante, as memórias apenas a perseguem para reafirmar que aquilo que se quer não está ali. Os dias passam e ninguém poderia ser tão docemente triste. Há medo, inclusive de enlouquecer, e só resta, em desespero, pedir a Deus – ou ao jazz – a volta do seu amor.

Tradicionalmente, a solidão foi uma experiência reservada a situações de exceção,[1] como o abandono amoroso e o envelhecimento tardio. Lembro-me ainda hoje do aniversário de uma amiga que, ao fazer 90 anos, comentou comigo: já não há mais um companheiro da minha geração aqui. Estavam todos mortos. Solidão é estar longe dos outros e sem companhia. Mais: é se perder até de si próprio, uma vez que não se teria o reconhecimento dos outros, através do qual nos tornamos quem somos e aparecemos no mundo. Carlos Drummond de Andrade perguntava:[2] como pode o homem sentir a si mesmo, quando o mundo some?

É fácil perceber o quanto nosso próprio sentido de realidade depende da partilha de um mundo comum. Sem ele, tudo se torna duvidoso. Muita gente, com a pandemia, diz que parece um pesadelo. Por um lado, é claro que se está comentando o horror pelo qual passamos, a doença, as mortes. Por outro lado, a escolha da metáfora do pesadelo me parece também comunicar que há algo de irreal em como se sente o que está acontecendo. Com quarentenas, máscaras, isolamentos e limpezas, é como vivêssemos em um ambiente onírico, cheio de lacunas.

Não é mera coincidência que, no fim do enredo de *Crime e castigo*, o sonho de Raskólnikov, delirante e febril, seja com um mundo "condenado ao sacrifício de uma peste terrível, inédita e inaudita, que marchava das profundezas da Ásia para a Europa".[3] Há alguma coisa nas epidemias que, embora coloque todos juntos numa mesma situação, é sentida solitariamente, o que se torna ainda mais forte com a necessidade de se distanciar do outro e dos outros. Fechados em nós mesmos, o que temos de realidade parece um sonho terrível de Dostoiévski.

Pois bem: a solidão, que antigamente era exceção nas trajetórias de nossas vidas, democratizou-se com a sociedade moderna de massas e se tornou cada vez mais comum. Perdida a coesão comunitária tradicional e o coletivismo, o século XX se tornou a época do individualismo. Laços interpessoais se desfizeram. Nem toda interconectividade tecnológica do século XXI deu um jeito nisso, antes expôs o quão sozinhos podemos nos sentir, a despeito de conectados por máquinas. E o pior: não sabemos bem como ficar a sós com nós mesmos. Da margem, a solidão deslocou-se para o centro da nossa existência. Há quem já tenha dito, não sei se a sério ou provocando, que haveria uma epidemia de solidão.

Mesmo que ela existisse, perdeu precedência para outra, que é mais física: a epidemia do coronavírus. O isolamento social é uma das medidas aconselhadas para se defender do vírus, então temos uma epidemia em cima da outra, já que as chances de a solidão se tornar cada vez mais radical são grandes. Pessoas que já se sentiam sós agora são, além disso, orientadas a ficar em suas casas. Nem uma voltinha para espairecer. Nem a conta de luz é desculpa para a ida ao banco. Que se pague pela internet. Há um temerário código moralizante da pandemia.

Sobretudo idosos, mais sensíveis à doença, não deveriam sair. Pelo menos por enquanto. Até haver protocolo seguro de tratamento. Até o sistema de saúde estar menos lotado. Até acharem uma vacina. Até. Mas quanto "até" alguém tem, sobretudo pessoas mais velhas? Conversando com o meu padrasto de mais de oitenta anos, ele me disse que tudo iria mudar após a pandemia. Eu expus que não tinha certeza. Mesmo que demore quatro anos, talvez tudo volte ao que era antes. E ele me disse o óbvio: quatro anos para você não é a mesma coisa que para mim.

Meu padrasto é norte-americano e, em abril, faria uma viagem para visitar a sua terra natal, onde ele raramente esteve nos últimos dez anos. Iria ver velhos amigos, matar saudades. Não foi. Não sei se, com as fortes dores na coluna que o atormentam, ele poderá ir quando viagens de avião voltarem a ser permitidas. O pior, ou melhor, é que ele – pragmático como é do feitio em seu país de origem e bem-humorado como é da sua personalidade – comenta, ao ser perguntado sobre planos futuros, que já há anos não compra nem banana verde. E sorri.

Quando o governo do Rio de Janeiro decretou o isolamento social, logo teve quem se investisse do papel de fiscal voluntário, a começar pela imprensa. Eu ligava os jornais e lá estavam as cenas de velhos andando pelas calçadas, "flagrados" (coloco entre aspas pois não imagino que eles achem que estavam se escondendo), expondo-se ao risco de contaminação. Logo eles! Os idosos, muitas vezes já tão sem companheiros, agora ainda deveriam ficar reclusos. Solitários e isolados, quantos passarão por isso sem entregar os pontos?

Falei "solitários e isolados" como se fosse a mesma coisa, e não é. Eu posso estar solitário sem estar isolado e posso estar isolado sem estar solitário. Muitas ocasiões sociais de encontro – festas, reuniões, *happy-hour* – fazem-me sentir solitário. Deslocado, estranho e sem entreter qualquer relação real, estou cercado de gente e, ainda assim, solitário. Por outro lado, às vezes estou só em minha casa, escutando uma música ou então lendo um livro, e nada da solidão me afeta. Pelo contrário. Estou só sem que isso seja privação de nada.

Por isso, o isolamento social, sentido pela maioria como um problema, foi para outros uma libertação. Viram-se livres de pressões do convívio no trabalho ou competições nas interações sociais. Como canta Cartola, "chega de demanda". No entanto, libertação não é liberdade: a primeira é negativa, é não ter mais que enfrentar a exigência de performance produtiva ou os jogos de poder cotidianos; a segunda é positiva, diz respeito a agir e falar na presença comum dos outros. O isolamento pode até acarretar a libertação, quase nunca trará liberdade.

Essa liberdade não é somente a da interioridade psicológica que faz escolhas, é a prazerosa experiência de estar junto. Tanto quem insiste na rápida retomada comercial quanto alguns dos seus críticos, que desprezam a angústia da quarentena como se ela fosse apenas nostalgia do consumismo perdido, costumam reduzir nossa interação ao fator econômico. Em qualquer sistema, inclusive no capitalismo, há mais que isso na existência. Menos esquematismo seria bom.

É claro que causa pasmo ver imagens de filas na frente de lojas como a Zara, em Paris, tão logo o isolamento social imposto pelo governo foi relaxado. Entretanto, elevar isso a símbolo do que as pessoas anseiam ao saírem de casa é um salto mais ideológico e hipotético do que analítico e real. E, além disso, desde as "passagens" que cortavam os quarteirões de Paris no século XIX, tão brilhantemente comentadas pelo crítico Walter Benjamin,[4] a experiência urbana de liberdade nas ruas se misturou ao mercado de consumo moderno. Toda pureza é um mito, como estava escrito na *Tropicália* de Hélio Oiticia nos anos 1960.

Nesse contexto, ideologias aparentemente distintas deixam aparecer seu fundo comum. Há, em boa parte daqueles que urgem pela retomada imediata da economia, a concepção de que o desejo das pessoas pelo mundo é exclusivamente produtivo e consumista. Igualmente, o argumento de que o confinamento só é um grande problema por causa do sistema capitalista – que teme que descubramos a felicidade sem compras – ignora que o mundo não é um grande shopping-center. É praça, rua, bar, encontro. Sentimos falta dessas coisas.

Nada disso é simples assim, evidentemente. Porém, o ponto é que nossas vidas precisam de variação. Tanto que, em relação ao isolamento social, quem ficou sozinho em casa costuma reclamar da falta de companhia, enquanto os que estão com alguém se ressentem por terem perdido toda privacidade. Nossa dieta diária de vida, tal qual a alimentar, requer uma diversificação. Ninguém gosta de estar só todo o tempo. Ninguém aguenta jamais estar só. Do ponto de vista psíquico, o isolamento é uma redução drástica de nosso repertório existencial.

Isso vale para todos. Até para um bebê de cinco meses, como meu filho. O avô dele, meu pai, escreveu para mim outro dia uma mensagem após ver fotos do neto. "Muito triste como a vida empobreceu, como as possibilidades se esvaíram; sinto tristeza por todos nós e ainda mais pelo Bento; fico imaginando ele na beira do mar saboreando as sensações da mistura da brisa, da areia, da água e do sol; e me dói a alma dele estar privado de tudo isto e tanto mais". Dos bebês aos idosos, não há como romantizar a quarentena, o que não impede que alguns a curtam.

Meu pai tocava em um assunto que me aflige: a falta de sol para meu filho, e para mim também. Não é apenas uma preocupação médica, por causa da carência de vitamina D. É o sol como luz. O amarelo. O quente. Embora o vírus não seja transmitido pelo sol, o medo que passou a imperar entre as pessoas parece deslizar, inconscientemente, para tudo o mais que não seja elas próprias. E, como na canção "Isolation", de John Lennon, pode até alcançar o sol.

> *We're afraid of everyone*
> *Afraid of the sun*
> *Isolation*
> *The sun will never disappear*
> *But the world may not have many years*
> *Isolation*[5]

Nos poucos momentos em que, com um filho pequeno em confinamento, é possível fazer alguma coisa, corro para assistir, pela Netflix, um episódio da série documental *The last dance*, sobre o jogador de basquete Michael Jordan e o último dos seis títulos que ele ganhou, em 1998, com o Chicago Bulls na liga de basquete americana, a NBA. Jordan foi, ao lado de João Gilberto, o que de mais genial vi em minha frente na vida. Não é dele contudo que quero falar. E sim de um coadjuvante, ainda que relevante, daquele time: Dennis Rodman.

Rodman era polêmico, briguento, desencaixado. Chegou a flertar com Madonna. Um jogador agressivo, expulso várias vezes de quadra. Mas que trazia um tipo de energia que ninguém mais tinha: intensidade, explosão. Pois bem: a série mostra um momento, lá pelo meio da temporada, em que Rodman, jogando mal, pede umas férias. Jordan não gosta, nem o técnico, nem o time. Mas ele argumenta que precisa, para poder voltar a jogar bem. No exaustivo campeonato da NBA, ele precisava variar sua dieta diária, interrompendo a sequência de jogos.

Durante o confinamento da pandemia, o sufoco é esse. Não podemos nem um dia pausar a repetição da vida exclusivamente doméstica. Os que estão sós o estão todo dia. Os que estão acompanhados, idem. Na história do Bulls, Rodman é liberado para passar dois dias em Las Vegas. Vai à forra: passa quatro, quando é literalmente tirado da cama de um hotel onde estava com a cantora Carmen Electra. Volta às quadras. Joga bem. O Bulls ganha as partidas. Ganha o campeonato. Imaginem o confinamento para o Dennis Rodman! Não tá fácil pra ninguém.

Nesse contexto, cada um se vira como pode, com seu isolamento e, se for o caso, com sua solidão. No meu caso, como é óbvio, escrever se tornou uma forma de lidar com a situação. É como se estivesse tentando dar forma a um sentimento, mas também contar um pouco para alguém o que se passa. Como diz a pensadora María Zambrano, escrever é defender a solidão em que se está; é uma ação que brota apenas de um isolamento afetivo, mas de um isolamento comunicável. Quando se escreve, tenta-se mostrar o que se descobre em uma solidão que, pela leitura, tornar-se-á compartilhada.[6] Não deixa de ser solidão, mas se divide.

Nenhuma tristeza é tão profunda quando pode ser partilhada e nenhuma alegria é tão intensa quando não pode. Por isso, o isolamento dói e a solidão dói mais ainda. Se a solidão é uma dor, então, como toda dor, ela será suportável na medida em que soubermos contar uma história sobre ela. Não sobre a solidão em si, em termos absolutos. Mas sobre essa nossa solidão de agora, na pandemia do coronavírus de 2020. Narrar o presente pode ser tão importante quanto imaginar o futuro. Escrever é tornar-se contemporâneo do que se passa.

Fora isso, a escrita, como o próprio pensamento, possibilita que, precisamente por estarmos sós, conversemos silenciosamente com nós mesmos. Platão dizia que pensar era isso: duplicar-se, o um que vira dois, diálogo de mim comigo mesmo. Sua obra foi escrita em diálogos, nos quais personagens conversam, sendo que na maior parte das vezes seu mestre Sócrates é o protagonista. Talvez ele tentasse simular, assim, a conversa com nós mesmos que é pensar.[7] Quando escrevo, algo semelhante ocorre. Ou seja, a solidão deixa de ser tão solitária.

Nietzsche dizia que, quando se vive só, não se fala muito alto, também não se escreve muito alto, pois teme-se a ressonância vazia. Por isso, durante o confinamento da pandemia, a própria escrita se transforma, é diferente de antes. Um outro tom é buscado. Estranho um pouco os textos de filósofos que, pelo contrário, continuam no mesmo tom – e com os mesmos conceitos – de antes, ao passo que fico atraído pelos que escrevem mais baixo, com um volume menor. Todas as vozes soam diferentes na solidão, como conclui Nietzsche.[8]

Mas sinto falta de dançar. Voltam na minha memória as últimas vezes em que dancei. Rock. Talvez tenha mais pulado do que dançado, como meus amigos dizem que costumo fazer. Tanto faz. Era bom, muito bom. Por ora, ficamos com a "dança da solidão", de Paulinho da Viola.

*Solidão é lava que cobre tudo*
*Amargura em minha boca*
*Sorri seus dentes de chumbo*
*Solidão palavra cavada no coração*
*Resignado e mudo*
*No compasso da desilusão*

*Desilusão, desilusão*
*Danço eu dança você*
*Na dança da solidão*

Restou também dançar comigo mesmo. "Dancing with Myself", como canta Billy Idol. Ainda bem que recentemente encontrei um novo par que gosta de dançar comigo – ou, ao menos, eu espero que ele goste, pois por enquanto ele não tem muita escolha. Meu filho. Dançamos todos os dias. E rimos.

Seja como for, o paradoxal da situação é que o que temos em comum agora é o nosso isolamento; embora, ao escrever empregando essa primeira pessoa do plural, já sinta certo desconforto ao pensar que boa parte das pessoas, sobretudo no Brasil, na verdade não tem em comum comigo o isolamento. Está na rua, trabalhando pois não tem alternativa. Mas, bem, para aqueles que, por pertencimento de classe, acham-se nessa situação de isolamento, há esse paradoxo: ninguém se encontra com os outros mas todos vivem a mesma situação.

Lembrei-me, por causa disso, de uma passagem do poeta Octavio Paz sobre seu país, o México, no belo livro *O labirinto da solidão*. Gosto muito dela pois, em vez de simplesmente buscar uma fuga da solidão, distingue dois tipos de solidão: uma que é fechada e negativa, outra que é aberta e positiva. Uma só nos separa mesmo, enquanto a outra, quem sabe, pode nos aproximar e nos tornar contemporâneos, de fato, uns dos outros. Quem sabe.

> *Estamos enfim sós. Como todos os homens. Como eles, vivemos o mundo da violência, da simulação, da "nenhumação": o da solidão fechada que, se nos defende, nos oprime, e que, ao nos esconder, nos desfigura e mutila. Se arrancarmos estas máscaras, se nos abrirmos, se, enfim, nos enfrentarmos, começaremos a viver e pensar de verdade. Aguardam-nos uma nudez e um desamparo. Aí, na solidão aberta, também nos espera a transcendência: as mãos de outros solitários. Somos, pela primeira vez em nossa história, contemporâneos de todos os homens.*[9]

# a futurologia dos filósofos

Desde que comecei a estudar filosofia, observo que frequentemente são a ela dirigidas duas críticas na sociedade. Uma é de que a filosofia se encastela em si mesma e na academia: é distante do mundo, perdida em especulações metafísicas sem contato com a vida concreta. Outra é que ela, ao se aproximar de negócios comuns da realidade, mete os pés pelas mãos: apressada, perde o poder iluminador pela falta de paciência e, se os fatos não se encaixam na teoria, pior para eles. A acreditar na legitimidade das críticas, e notando que são, porém, opostas, a filosofia estaria sem saída. Se ficar o bicho come, se correr o bicho pega. Um filósofo seria aristocraticamente alienado ou precipitadamente oportunista.

O dilema não é novo; pelo contrário. É tão antigo quanto a própria filosofia. Desde seu nascimento, na Grécia, ela é atordoada pelo desafio de se relacionar com a sociedade. Sócrates, o primeiro filósofo, já foi condenado à morte pela classe política ateniense, acusado de corromper a juventude por questionamentos em praça pública. Inaugurou uma história tensa do contato do pensador com a comunidade. Do encontro de Platão com o tirano de Siracusa até as opiniões de Michel Foucault sobre o Irã, a filosofia não foi somente um recuo distanciado do mundo, mas também uma aproximação arriscada com a *polis*, com a cidade.

Nunca, porém, tantos filósofos escreveram tão rapidamente acerca de um acontecimento quanto no caso da covid-19. Desde o começo da pandemia, textos são publicados quase toda semana e divulgados ligeiramente. Diversos nomes da filosofia contemporânea compareceram: Giorgio Agamben, Slavoj Žižek, Jean-Luc Nancy, Franco "Bifo" Berardi, José Gil, Bruno Latour, Judith Butler, Paul B. Preciado, Alain Badiou, Jacques Rancière, Achille Mbembe, Byung-Chul Han, David Harvey, Boaventura de Sousa Santos, Markus Gabriel, entre outros. Há teorias para todos os gostos políticos, estéticos, sociais e ontológicos. Uma fartura.

Essa abundância pode ser explicada por dois fatores. Primeiro, uma aceitação cada vez maior da atitude que foi colocada em prática e explicitada pioneiramente, no final do século XIX, com Nietzsche: a filosofia está em cena. Isso contraria uma longa tradição segundo a qual a metáfora da posição do filósofo é a do espectador que só compreende a cena em sua totalidade porque está situado fora dela, como qualquer um de nós numa peça de teatro com palco italiano clássico. Para Nietzsche, que abdicava da pretensão de totalização do entendimento, a filosofia seria parte da cena do mundo, não só uma observadora externa. Estaria em ato.[1] Muitos filósofos contemporâneos seguem essa direção.

O outro fator que ajuda a entender a acelerada resposta filosófica ao contexto atual não é intrínseco à história do pensamento, mas diz respeito à condição material de sua produção hoje, que é muito diferente do passado e mesmo do passado recente. Com a presença massificada da internet, textos podem ser publicados imediatamente após serem escritos e circulam com enorme velocidade pelo mundo, um pouco como o próprio vírus que tentam compreender. Um amigo meu costuma dizer que vivemos também na "ágora azul" do Facebook. Ou seja, a praça da discussão pública da filosofia não é só real, mas virtual. E, conforme ensinou Karl Marx, nossa consciência sempre sofre influência da condição material que apresenta o momento histórico no qual ela tenta pensar. Não é diferente com o esforço de conscientização dos textos sobre a pandemia atual.

O caso do italiano Giorgio Agamben é exemplar a esse respeito. Ele foi um dos primeiros filósofos a publicar um texto sobre a covid-19, até mesmo por estar no país ocidental onde mais cedo a epidemia apareceu. Era ainda 26 de fevereiro. Seu parecer empírico foi desastrado. Minimizou a gravidade da doença e a comparou a uma gripe comum. Voltarei a isso. Por ora, o que me interessa destacar é que, fosse uma época mais antiga, o equívoco provavelmente seria apagado antes de publicado, pois a duração do processo editorial permitiria uma revisão. O tempo imediato da internet expõe os posicionamentos no calor da hora.

Tanto assim que, após essa publicação, duas consequências ocorreram em pouquíssimo tempo. Primeiro, vieram as críticas sobre ele, inclusive de filósofos, como Nancy e Žižek, mas também na imprensa. E depois o próprio Agamben foi publicando esclarecimentos do seu argumento ao longo das semanas seguintes. De certo modo, dia após dia, houve um adensamento da massa reflexiva sobre a pandemia, caso possamos ler cada texto não como a palavra definitiva a seu respeito, e sim como uma espécie de involuntário *work in progress* coletivo.

Voltando, porém, à reflexão de Agamben: a essa altura interessa mais salvar o que ela tem de bom do que acusar seus aspectos negativos. Os erros e limites foram apontados diversas vezes. O primeiro e óbvio desde o título de seu texto, "A invenção de uma epidemia",[2] foi sua incapacidade de reconhecer a realidade dura da doença. Nesse ponto, ele reincide em um tradicional problema da filosofia, que é certo menosprezo pelos fatos empíricos concretos, em geral decorrente da imposição sobre eles de um conceito, que acaba se sobrepondo ao real.

No caso de Agamben, esse conceito é o estado de exceção. Para ele, o exagero em torno da covid-19, que seria apenas mais uma gripe, serviria para reafirmar o uso de mecanismos de controle do estado que suspendem direitos e liberdades arbitrariamente. Ou seja, o estado de direito formal é abolido pois a calamidade exige respostas governamentais urgentes e drásticas. Desse ponto de vista, haveria um arco de continuidade entre o terrorismo e a pandemia: ambos servem de justificativa para que se legitime a extrapolação do poder do estado sobre nós.

Agamben, no início do século XXI, dava aulas nos Estados Unidos, de onde saiu, recusando-se a voltar, em protesto contra medidas do então governo Bush após os atentados terroristas de 11 de setembro de 2001. Elas davam ao estado o poder, em caráter de exceção, de ignorar direitos civis. Logo, a tese é que a pandemia fornece a regimes políticos desculpa igual para limitar o direito de ir e vir ou vasculhar informações privadas. O fundo das práticas de poder de exceção de governos vem à tona e ganha forma visível nesses momentos calamitosos.

Os problemas com essa tese são de várias ordens. Jean-Luc Nancy observou que ameaças de controle e invasão informativa não têm mais o seu centro no estado, elas são espalhadas num sistema tecnológico mundial que não exclui empresas privadas. Žižek apontou que, para os estados, a pandemia é desvantajosa economicamente, pondo em dúvida o interesse de alardeá-la. Além disso, Agamben fala no contexto europeu, pois o que dizer de governos como o do Brasil, que concordam com ele que há exagero frenético e irracional sobre a covid?

No entanto, ao contrário do que acusaram alguns críticos, a proximidade entre o pensamento de esquerda de Agamben e a falta de pensamento da direita de Bolsonaro não se sustenta. Pois a preocupação de Agamben, como seus esclarecimentos depois apontaram, é com o abuso do estado em relação a direitos civis, políticos e afetivos. Sua questão é não podermos ir e vir, nos manifestar coletivamente, enterrar quem amamos. Não se trata só de economia e trabalho.

E, além disso, a tese de Agamben, seguindo uma sugestão que Walter Benjamin dera em 1940, é que na verdade o estado de exceção é a regra.[3] Momentos como este da pandemia somente explicitam isso. Portanto, o desafio não é abolir as medidas governamentais exageradas atuais e retomar o que havia antes, como se esse "antes" fosse um estado de direito no qual as regras e leis universais estavam em vigor com equidade. O desafio seria conquistar uma visão crítica sobre a constituição e a operação do estado ao qual Bolsonaro deseja voltar.

Por isso, a questão filosófica dos textos de Agamben não é fácil de ser descartada. Sua suspeita é que aceitamos sacrificar todas as dimensões da existência em nome da sobrevivência biológica. Sua crítica está dirigida à resignação ao que chama de "vida nua", e que facilita a aceitação do estado de exceção. O problema não são sequer suas aplicações temporárias no presente, mas precedentes abertos para o futuro. Ele chama a atenção para como o risco de morte serve de álibi para abdicarmos da liberdade. Daí a minimizar a pandemia vai um salto, que não precisamos dar junto com ele para reter a preocupação filosófica que o move.

Seja como for, a posição de Agamben atiçou uma resposta rápida de Nancy, no duplo sentido do termo: veio logo e foi breve. Em seu texto, o filósofo francês sublinhava a gravidade da covid-19, diferente de uma gripe comum, inclusive pelo fato de não haver vacina, e ainda evocava uma memória pessoal. Anos atrás, teve um problema no coração e seu "velho amigo" Giorgio teria desaconselhado o transplante, sem o qual provavelmente teria morrido. "Podemos errar", escreveu Nancy, que depois publicou um texto mais longo sobre a pandemia.[4]

Sua nova reflexão trazia como título "Comunovírus", um nome que ouvira de um amigo seu da Índia e que lhe pareceu melhor do que coronavírus. É que o vírus, para ele, coloca-nos em pé de igualdade e diante da tarefa do enfrentamento conjunto. Portanto, o vírus, a despeito de sua imagem em formato de coroa, teria uma lógica mais comunitária do que monárquica. O paradoxo é que o isolamento seja a maneira de experimentarmos a comunidade, uma vez que ele distancia cada um do outro, mas é também o que se espera simultaneamente de todos.[5]

Nosso desafio, pensa Nancy, seria conceber um "comum" não como a propriedade coletiva, mas tampouco privada, e sim como a experiência na qual cada um aparece em sua unicidade incomparável, inalienável, inassimilável. O "comunovírus", como ele chama, talvez nos obrigue a considerar as coisas desse modo, inclusive para além e depois da crise por ele acarretada. Ou seja, o que interessa a Nancy é que essa crise presente da pandemia possa nos fazer repensar o sentido da comunidade para o nosso futuro. Podemos aprender com ela.

De modo semelhante, Slavoj Žižek, que também relativiza a tese de Agamben e escreveu prolificamente desde o início de 2020 sobre a covid, considera o vírus dotado de poder subversivo para despertar o comunismo. Menos refinado e mais provocador que seu colega francês, não fala em termos de chance, mas de certeza. Compara o vírus diante do capitalismo a um golpe de artes marciais que aparece no filme *Kill Bill*, de Quentin Tarantino. O golpe não mata na hora, mas a pessoa atingida, após dar cinco passos, tem seu coração explodido.[6]

O argumento de Žižek, portanto, é que podemos conversar e deliberar no atual momento o quanto quisermos: a insustentabilidade do capitalismo está decretada. No entanto, o comunismo de que ele fala vai sendo tão amenizado do seu conteúdo revolucionário que acaba quase irreconhecível. Žižek o compara à ação da Organização Mundial da Saúde, e o defende em nome de uma solidariedade – Nancy idem – total e incondicional. Tem algo de ideal iluminista nisso.

Lembra não apenas o comunismo pensado por Marx no século XIX como o estado cosmopolita cogitado por Kant no século XVIII, para o bem ou para o mal. Não por acaso, o golpe mortal no capitalismo, que resolveria o problema da desigualdade socioeconômica, atingiria junto o populismo nacionalista, cedendo lugar a organismos de cooperação internacional. O evento da covid, cujas imagens urbanas são menos de destruição e mais de esvaziamento, a despeito das mortes, poderia vir a ter consequências positivas. Žižek já foi mais ferino.

Por isso, a oposição que Byung-Chul Han faz a Žižek soa até mais enfática. Para ele, a pandemia não vai acabar com o capitalismo adiante, mas vai reforçá-lo. O vírus não gera sentimento coletivo tampouco, como quer Nancy. O vírus nos isola. Ponto. E, para piorar, estados autoritários, como a China, mostram-se mais eficientes no controle da doença, o que fará outros seguirem tal modelo. Em uma caracterização simplista do Oriente, Han atribui às suas homogeneidade e obediência a facilidade para a vigilância digital e o *big data*. Tal coletivismo, por oposição ao individualismo ocidental, é eficiente contra a pandemia. Han, como Agamben, acha que estaremos sob mais domínio no futuro, embora ele convoque uma transformação que seja feita pela razão humana, independente do vírus.[7]

No ponto médio das expectativas, está Bruno Latour. Ele distingue a crise da covid-19, que seria passageira, e a mutação, da qual não há fuga possível, que é o problema climático com o aquecimento global, gerada pelo modelo de produção moderno industrial. A rigor, a primeira apenas o interessa porque demonstra que é possível fazer o que a segunda exige: suspender um sistema econômico outrora julgado uma máquina impossível de ser detida. Paramos. Eis a grande lição. Caberia agora imaginar gestos que não retomassem o modelo predador anterior, mas aproveitassem a pausa para buscar alternativas menos hostis à ecologia.[8]

O objetivo declarado do ensaio de Latour é pensar o "pós-crise", e contudo ele explicita o que, a meu ver, boa parte de outros filósofos têm feito. Perguntam-se mais pelo depois do que pelo agora. Agamben preocupa-se com o futuro fortalecimento do estado de exceção. Nancy pensa a emergência do comum que junta todos nós sem que percamos a singularidade de cada um. Žižek escolhe uma metáfora para entender a pandemia que é um golpe cujo efeito vem bem depois de ser desferido. Han sublinha a eficiência chinesa diante da covid-19 pois ela permite adivinhar que um modelo autoritário de governo prevalecerá depois.

Muitos filósofos, embora nem todos, têm apresentado mais previsões sobre o futuro do que atenção ao presente. Por isso mesmo, é fácil dividi-los entre os mais pessimistas, como Agamben e Han, e mais otimistas, como Nancy e Žižek, ou aqueles que apenas enunciam as tarefas por vir, como Latour. Suas reflexões são ricas e dão o que pensar, mesmo sobre o presente que na maior parte das vezes os interessa menos que o futuro. Mas, ao mesmo tempo, parecem demonstrar inadvertidamente a opacidade de nosso momento, como se fosse difícil penetrá-lo ou dizer algo sobre ele, sem pular para um prognóstico por vir.

Isso revela ainda que muitos de nós acreditam que, em breve, a pandemia vai passar, daí tal aceleração da pergunta pelo que virá a seguir. O filósofo camaronês Achille Mbembe, que no início do século XXI cunhou o conceito de necropolítica para descrever a seletividade governamental e social sobre quem vive ou morre a partir das desigualdades do capitalismo, colocou, porém, uma pergunta política sobre o pressente: como criar comunidade num momento de calamidade? É que, para ele, a pandemia ressaltou a separação individualista e neoliberal da morte, dando a ricos a chance de se protegerem e expondo os pobres.[9]

Mbembe defendeu que a urgência política hoje é o direito universal à respiração, já que o coronavírus tira nosso ar. Sua perspectiva, contudo, termina por se debruçar sobre o que nos aguarda, como a próxima vez em que seremos golpeados, e que seria ainda pior. O que seria revelado com a pandemia é que a vida pode continuar sem nós. Ele tem menos respostas que perguntas, mas essas são formuladas já no tempo verbal do futuro: seremos capazes de redescobrir o nosso pertencimento à espécie e nosso vínculo com a totalidade do que vive?

Igualmente, Paul B. Preciado, após escrever um breve texto emocionante sobre sua experiência de contaminação com o vírus,[10] publicou outro, longo e teórico, no qual, inspirado por Michel Foucault, sugere o que será inventado após a crise: uma terrível comunidade imune e uma nova forma de controle dos corpos. Também adivinha o que estará no centro do debate durante e depois da pandemia: quais vidas estaremos dispostos a sacrificar ou salvar. Para que isso não seja uma má notícia, faz a exortação a uma apropriação crítica desse momento.[11]

Mesmo um filósofo como Emanuele Coccia, que há anos pensa exatamente a natureza em comum entre nós e outros seres, também enfatiza o futuro. Coccia sustenta que devemos pensar a vida como pura metamorfose e que, desse ponto de vista, não há privilégio dos seres humanos sobre os vírus. O poder transformador do coronavírus põe em xeque o narcisismo das nossas sociedades, as destituindo não só da autoimagem de que seriam as maiores criadoras, mas também as maiores destruidoras, da natureza na formulação do tempo ainda por vir.[12]

Coccia propõe uma espécie de desapego identitário dos humanos em relação a si. Em vez de pensar a vida humana, pensar a vida. Dessa perspectiva ampla, a nossa morte é a transformação do que somos em outros seres, assim como, ao comermos, plantas e animais passam a estar em nós. Coccia lembra que carregamos bactérias e vírus: não somos puramente humanos. O não-humano está em nós. Ora, para a vida assim concebida, tanto faz onde ela se manifesta: se no vírus ou em nós. Prevalece sua força de invenção, mesmo que acarrete nossa morte. O futuro, quem sabe, pode pertencer ao vírus. E isso é vida.

Há apostas sombrias, solares ou ambiguamente nubladas sobre o futuro. E há também quem ache que nem tanta coisa assim mudará, como Alain Badiou, Judith Butler ou Jacques Rancière. O primeiro acredita que essa é somente mais uma de muitas epidemias de nossa época, a despeito de sua gravidade, e que nenhuma grande ruptura na política, para o bem ou para o mal, nos espera. Suspeita que o nome "novo coronavírus" engana, pois na verdade é Sars-CoV-2. Houve já um parecido antes, o Sars-CoV-1. Nada tão transformador estaria em curso.[13]

Judith Butler, por sua vez, analisou como a pandemia explicitou o compartilhamento de superfícies de objetos, dado o medo de contaminação através delas, bem como diretamente do ar entre nós. Ela descreve, mais uma vez do ponto de vista social e econômico, a situação atada ao presente. Talvez porque não ache possível determinar se, adiante, a acumulação de riqueza e a desigualdade no capitalismo vão aumentar, ou se comunidades solidárias de cuidado vão se organizar. Para ela, o provável é que a disputa se acirre. "Fato é que não sabemos".[14]

Jacques Rancière é o pensador que mais toma distância de qualquer futurologia. Nada, segundo ele, permite saber se entraremos em uma ditadura digital de controle do biopoder ou numa reviravolta revolucionária do nosso paradigma civilizacional na relação com a natureza. São todas especulações sobre o momento do depois que superestimam possivelmente o efeito radical da pandemia sobre a política. Um futuro só se constrói na dinâmica do presente, diz ele.[15]

Esse grupo de pensadores é significativo o suficiente, embora não exaustivo, para se perceber que quase sempre a pandemia atual foi tratada não em si, mas pelas suas consequências, bem como mais de um ponto de vista econômico e social do que existencial ou íntimo. Raras vezes uma reflexão foi esboçada com o interesse diferente desse enquadramento. Quem procura algo assim, pode até o encontrar aqui e ali nas intervenções desses autores, mas em geral numa ou noutra linha perdida em análises cujo objetivo final é outro: o que virá?

Talvez Franco "Bifo" Berardi seja quem tenha exposto melhor a tensão do passado e do futuro. Ele publicou crônicas sobre a pandemia e, no fim, escreveu um texto em que medita sobre o possível depois, mas na primeira frase já afirma que, de repente, tudo que pensamos nas últimas décadas terá que ser repensado do zero. Embora arrisque teses sobre o que mudará nos próximos tempos, o importante para ele é a reativação do futuro, pois a pandemia reabriu uma história que, até ontem, convencia a todos que seguia um rumo automático, inevitável.[16]

Em suma, a futurologia governa a reflexão sobre a pandemia. Fico curioso, porém, para compreender o que estamos experimentando no presente, independentemente das abordagens de interesse social ou político geral da história que nos aguarda. "Com respeito àquele problema do futuro, acho que vou ficando por aqui", como dizia o poeta Cacaso.[17] O que me pergunto – seja o nosso futuro mais ou menos autoritário, controlado ou libertário, capitalista ou comunista, poluído ou verde, distante ou presencial, breve ou longo – é: como nos lembraremos disso que atravessamos agora? De que é feita essa experiência, clivada entre as mortes por doença, de um lado, e um confinamento defensivo, por outro lado? O que estamos já sofrendo, pensando, sonhando e sentindo agora mesmo?

Pode ser que não existam respostas para essas perguntas. Certamente, se existem, não estão prontas somente aguardando quem as exponha. Mas será que um tom mais tateante não teria lugar para se aproximar do insólito acontecimento que vivemos? Será que a filosofia poderia ensaiar uma forma de falar na qual, ao invés de se exercer por certezas convictas, conseguisse se expressar por meio de suas dúvidas, ou daquele espanto que, segundo Platão e Aristóteles, estava na origem de todo filosofar? O poeta israelense Yehuda Amichai escreveu os versos – que conheci por um amigo que só me trouxe coisas boas a vida toda – cujo tom poderia estar em tentativas de pensar sobre a pandemia.

*Do lugar onde sempre estamos certos*
*nunca brotarão*
*flores na primavera.*

*O lugar onde sempre estamos certos*
*é batido e duro*
*como um pátio.*

*Mas dúvidas e amores*
*esfarelam o mundo*
*como uma toupeira, um arado.*

*E um murmúrio será ouvido no lugar*
*onde havia uma casa –*
*destruída.*[18]

# frustração e felicidade

Durante a pandemia que parou o mundo, o governo no Brasil não cessa de criar crises políticas, inclusive envolvendo o Ministério da Saúde. Escrevo agora no meio de maio e dois ocupantes já saíram da pasta: um foi demitido e o sucessor se demitiu. O primeiro foi Luiz Henrique Mandetta. Passou semanas a fio em conflitos com o presidente Jair Bolsonaro. Suas divergências eram cruciais. Mandetta aconselhava isolamento social e admitia a inexistência de remédios para a covid-19, Bolsonaro pedia volta ao trabalho e recomendava o uso da Cloroquina.

O desacordo, por causa da calamidade da pandemia, ganhou ares de disputa de protagonismo político: Mandetta dava entrevistas coletivas diárias e sua posição, afinada com a maioria dos outros países, ganhou apoio popular. O desgaste era enorme. Por isso, causou surpresa quando, ao sair, Mandetta declarou que Bolsonaro era "extremamente humanista". Parecia estar fazendo um elogio. Depois, porém, ele mesmo admitiu que havia ali uma mensagem subliminar.

O ex-ministro estava lendo *A peste*, romance do filósofo e escritor existencialista Albert Camus, publicado em 1947, que narra a infestação da peste bubônica em uma cidade da Argélia. Muita gente tem lido o romance neste momento, e há inúmeras semelhanças com nossa situação. Mandetta foi uma dessas pessoas. Foi ali que tomou contato com o significado do adjetivo "humanista", que aplicou a Bolsonaro, bem menos elogioso do que soa a nossos ouvidos incautos.

Os humanistas, no livro de Camus, são aqueles que não acreditam nos flagelos, como a peste. O adjetivo parece designar menos a solidariedade entre pessoas do que a convicção no poder humano sobre tudo o mais. Os humanistas não acreditam que o flagelo está à altura do homem, então dizem que ele é irreal, um sonho mau que vai passar. Só que ele não passa, são os homens que passam. Logo, Mandetta estava acusando Bolsonaro de minimizar a pandemia e ignorar que as forças humanas, no caso, estavam, pelo menos por ora, em desvantagem.[1]

Na filosofia do século xx, a crítica ao humanismo teve grandes representantes. Nenhum deles, evidentemente, era contra o sentimento de solidariedade. O que eles perceberam é que, desde a sua origem no Renascimento, o conceito de humanismo esteve atrelado a outro, de antropocentrismo. Ou seja, o humanismo é também a convicção de que o ser humano é o centro do universo, uma espécie de rei dentro de um reino mais vasto que ele. Nesse sentido, um vírus colocar em xeque o poder do homem não deixa de ser um baque para o humanismo.

O mais conhecido crítico do humanismo foi Martin Heidegger. Para ele, a grandeza do homem não consistia em ser um sujeito que, como "déspota do ser", submete todos os outros entes, tratados como objetos. Seria, ao contrário, o caso de compreender uma relação na qual somos inspirados pelo ser, e não o seu senhor. Nem o pensamento é algo que controlamos, ele é uma forma de corresponder ao modo como o mundo no afeta. Estamos lançados no mundo, e não no seu domínio, como se decidíssemos seu sentido. Heidegger escrevia isso em 1936.[2]

Michel Foucault foi mais longe. Terminou *As palavras e as coisas*, de 1966, falando da morte do homem. Não tinha nada de apocalíptico nisso. Tratava-se do fim da auto-referência moderna do ser humano, para a qual tudo que importa é o conhecimento de nós mesmos. Com o fim desse humanismo, poder-se-ia "apostar que o homem se desvaneceria, como, na orla do mar, um rosto de areia".[3]

Em suma, voltando a Bolsonaro: o presidente que enaltece torturadores e simpatiza com a ditadura poderia ser considerado um humanista (o que provavelmente surpreenderia até ele próprio) por causa de sua arrogância. Nesse sentido filosófico muito específico, Mandetta tem sua razão, embora seja preciso, ao mesmo tempo, notar que não é apenas a arrogância quanto ao poder humano em contraposição ao vírus que orienta Bolsonaro, mas também uma extraordinária insensibilidade até diante da morte, o que contraria qualquer humanismo.

O que está em causa foi enunciado pelo segundo a deixar o Ministério da Saúde, após permanecer na pasta menos de um mês. Nelson Teich declarou que estava difícil conciliar os desejos de Bolsonaro com a realidade. É o mais singelo e sincero comentário possível. Na verdade, está difícil conciliar desejos de quase qualquer um no mundo com a realidade que se impôs à nossa revelia. O problema está em não admitir e suportar essa dificuldade, o que, quando se é presidente, tem consequências públicas mortíferas para o povo. No cerne das declarações dos ex-ministros, está um recado igual: o dirigente do Brasil recusa a realidade.

Lidar com a realidade, de fato, não está sendo fácil. Para muita gente. Um homem saiu só de máscara em Ipanema. Só. No mais, estava nu! É cômico, mas é verdade. A sério, trata-se de uma frustração acachapante que cortou sonhos, desejos, planos, intenções. Um grande "não" se abateu sobre nós. E, embora governos possam agir de formas distintas diante da pandemia, com mais ou menos rigor, ninguém tem como escapar desse grande "não". Ele está aí. Nesse sentido, a pandemia nos obriga a lidar com emoções primitivas, como a frustração.

Observo meu filho, com apenas cinco meses, e ele enfrenta esse problema a cada vez com seus brinquedos. Há um, especificamente, com o qual ele sempre se atraca, não sei por que razão. Tem uma forma de barquinho. Ele morde, grita, chacoalha. E rosna. O interessante é que, a seguir, suas reações variam. Há vezes nas quais ele chora forte. Outras nas quais isola o brinquedo longe, cheio de raiva. Há momentos em que faz as pazes com o barquinho. Ou apenas troca de brinquedo. Eu passo todo dia por reações parecidas com as dele diante da pandemia: pranto, ódio, resignação, distração. E com infantilidade às vezes semelhante.

Talvez por isso, aliás, há também outra coisa que certas vezes acontece no embate do meu filho com o barquinho: eu vou lá e pego ele no colo. Pronto, acabo com o sofrimento dele. O problema é que não há ninguém para nos pegar no colo diante da pandemia. Ela nos mostra o desamparo a cada dia. Parece que existe a felicidade, mas não para nós, como diria Franz Kafka. Talvez adiante, no futuro. O agora, contudo, tornou-se um tempo em que é difícil escapar à infelicidade.

Cada um de nós caiu de onde achava estar. Pois nós, seres humanos, somos aqueles que caem. É o que aprendemos com a filosofia. Não a de Platão ou a de Descartes. Mas sim a de um peixe que aparece no conto "O mergulhador", de Karen Blixen. Segundo sua ontologia, dentre todas as criaturas, o peixe é a mais perfeita. É erguido e sustentado por todos os lados, apoia-se com confiança e harmonia em seu elemento – a água. Em suma: não cai.[4]

Por contraste, como inferiu o peixe de uma conversa ouvida de pescadores, os seres humanos têm que escalar colinas laboriosamente e pode lhes acontecer de caírem de uma delas, sendo recebidos com dureza na terra. Não por acaso, Deus, no ato da criação, decepcionara-se com o homem, passível de cair: caiu quase imediatamente. O peixe, por sua vez, não caiu, e jamais cairá, pois como e para onde cairia? Lição dessa filosofia: não sendo peixes, nós caímos. E não apenas uma vez, mas várias ao longo da vida.

Pelo menos, há os que, como bons atletas, têm habilidade para cair, ajustando o corpo durante a queda para o encontro com o chão doer menos. Uma arte de cair. Seu primeiro princípio é aceitar a queda, ao invés de resistir. Um amigo salva-vidas me disse uma vez que o mais importante em sua formação foi parar de lutar contra o caldo da onda e aceitar o movimento da água do mar. É uma maneira de virar um pouco peixe. Entretanto, alguns de nós se afogam e a maior parte salva-se apenas com dificuldade: joelho ralado, cara amassada, falta de ar. Mas é como diz aquela conhecida canção do R.E.M., "Everybody Hurts".

*When your day is long*
*And the night*
*The night is yours alone*
*When you're sure you've had enough*
*Of this life*
*Well hang on*
*Don't let yourself go*
*'Cause everybody cries*
*And everybody hurts sometimes*[5]

Segure firme. Não apenas à noite, mas de manhã, ao acordar. Viver perdeu a naturalidade espontânea. Cada dia é esforço. O esforço de atravessá-lo. De não se deixar ir. De se acomodar a frustrações. Para voltar a Camus, é como se fôssemos desafiados tal e qual Sísifo no famoso mito: castigado pelos deuses, empurra uma pesada pedra até o topo de uma montanha só para, após afinco e suor, vê-la rolar novamente até embaixo e começar tudo de novo, eternamente. O cotidiano repetitivo das vidas confinadas e das mortes escalonadas da pandemia é mais ou menos isso. O desafio absurdo proposto por Camus é imaginar Sísifo feliz.[6]

No entanto, nem mesmo no romance *A peste*, Camus imaginou a felicidade assim no meio de uma epidemia. O que ele conta é sofrimento: separação e morte das pessoas. Uma das razões que explica a atualidade do romance é que, como o ex-ministro Teich declarou em algum momento, a humanidade não avançou quase nada, em um século, no gerenciamento de epidemias. Ainda lidamos com elas pelo distanciamento entre os cidadãos, o que inspirava em Teich uma curiosa decepção, como se ele só tivesse descoberto isso depois que assumiu o cargo. Mais uma vez, aqui, há um baque no humanismo, agora na sua esperança de progresso.

Quem lê hoje as análises de Michel Foucault em *Vigiar e punir* sobre como a Europa lidou com a peste bubônica no século XVII fica impressionado pois, se a contundência disciplinar era maior, a estratégia era parecida: afastar as pessoas umas das outras. Naquela época, casas eram trancadas por fora e moradores tinham que ir à janela para serem inspecionados. Quem burlasse a quarentena podia receber a pena de morte. Basicamente, isolamento.[7] Como agora. Poucos países, em geral orientais, aplicaram mais tecnologia na lida com a epidemia, usando controle digital com informações, câmera e celulares para vigilância.

No começo da pandemia, pouco tempo atrás, foi lançado o novo álbum da banda Pearl Jam, que vinha sendo preparado faz tempo. Nirvana e Pearl Jam foram as bandas de rock mais importantes no início dos anos 1990. Na forma e no conteúdo, combinavam a dor e a raiva, em uma potência que tinha mais vida que o pop saltitante da época. O vocalista Kurt Cobain se matou, o Nirvana acabou. O Eddie Vedder sobreviveu e o Pearl Jam está aí até hoje. Seu último álbum chegou com tonalidade sombria em relação aos ideais de progresso moderno.

Seu pessimismo ganhou uma confirmação impressionante no mundo que o recebeu com o coronavírus. Numa das melhores canções, "River cross", há a imagem de um rio que se quer atravessar e que está longe, mas do qual se consegue aproximar; só que agora distancia-se ainda mais. O horizonte vai desaparecendo. Provavelmente trata-se dessa finitude da humanidade como um todo que a crise ecológica fez eclodir na consciência e que se intensificou na última década. Essa canção é um reconhecimento da ameaça que paira sobre o nosso futuro. O tempo não pode ser domado.

*I used to tell time by my shadow*
*'Til the thunderclouds, they took the stage*
*These days will end as do the light's rays*
*Another read of the same page*

*Wide awake through this deepest night*
*Still waiting on the Sun*
*As the hours seem to multiply*
*Find a star to soldier on*
*Living beneath a lion's paw*
*Knowing nothing can be tamed*
*Can be tamed*

*I want this dream to last forever*
*A wish denied to lengthen our time*
*I wish this moment was never ending*
*Let it be a lie that all futures die*[8]

Voltando à *Peste* de Camus: sua atualidade não se deve somente à permanência, apesar dos avanços tecnológicos, de uma forma semelhante de lidar com epidemias hoje e na época da gripe espanhola, cem anos atrás, o que dá contemporaneidade a certas descrições do livro. Outra razão é o tratamento literário do tema. Nós nos identificamos com o que se conta e com os afetos dos personagens. Trata-se de uma filosofia existencial e menos sociológica do que a de hoje. O livro não descortina o futuro nem prescreve o que fazer, mas tenta entender os sofrimentos desse longo exílio: a separação de entes queridos e o medo da morte.

Camus chamou de exílio a emoção diante da pandemia:[9] um vazio constante no qual desejamos irracionalmente às vezes voltar atrás e outras vezes acelerar a marcha da história para passar logo. Um vazio consciente que vai durar e que, sendo assim, só nos resta nos entendermos com o tempo. Mesmo as expectativas mais pessimistas sobre a longevidade da epidemia, quatro ou seis meses, logo levantam a suspeita: por que não mais? Sempre pode ser mais. Nessa hora, desmoronam a coragem, a vontade, a paciência: as virtudes que precisamos.

Numa passagem terrível, o autor afirma que, assim, presos a meia distância entre abismos e cumes, as pessoas mais flutuam do que vivem, desamparadas em dias sem rumo, recordações estéreis, sombras errantes: incapazes de se fortalecer a não ser se enraizando na terra de sua dor. Inimigos do passado, impacientes com o presente e privados de futuro, estaríamos como prisioneiros. O exílio, porém, é em casa, escreve Camus. O nosso, hoje, também. Exilados em geral o são para fora, nós contudo estamos exilados para dentro. Não nos foi tirada a pátria nacional ou a língua, mas o mundo e a convivência plural que lhe dá graça.

"É no 'não' que se descobre de verdade, o que te sobra além das coisas casuais", canta Marcelo Camelo. Haverá bastante "não" com a pandemia para quem for "sobrevivente da covid" descobrir o que resta além das coisas de circunstância. Ou seja, a peste também pode nos trazer para a serena urgência do tempo da vida. Eu acho bonito, no romance de Camus, que os amantes, quando se reveem após o afastamento, querem compensar o tempo perdido na intensidade do encontro. Não se tratava de voltar à pátria nacional, e sim a uma outra, que está nas matas perfumadas das colinas, no mar, nos países livres e no amor. Era para a pátria da felicidade que todos queriam então retornar. Nós também.

Felicidade não é resolver tudo, ao contrário, é estar neste movimento que se chama ser, é o grande esforço de construção que é viver, como escreveu Clarice Lispector.[10] Conforme vou terminando essas linhas aqui, a pandemia continua. O Brasil bateu hoje o recorde de mortes por covid-19 em um dia. Mas, ao mesmo tempo, dois acontecimentos nos dias anteriores chamaram a atenção, um no ar e outro na terra. Um foguete foi lançado no espaço e protestos antirracistas tomaram conta dos Estados Unidos depois do assassinato de um homem negro, George Floyd, por um policial branco. Uma coisa não tem a ver com a outra. Mas ambas lembram que a história continua junto com o coronavírus. Continuamos buscando o infinito cósmico das estrelas e lutando na política ao rés do chão.

Isso traz um pouco de esperança.

Mas é claro que o momento nega qualquer triunfalismo. Quem sabe, contudo, possamos ser tocados pela distância que nos impede de tocar? Quem sabe a distância também nos desperte para a proximidade que falta? Se é para buscar a felicidade, vamos "chegando de mansinho". Foi o que aprendi com o post de uma amiga no Facebook em que ela mostrava a música de mesmo nome. É Dominguinhos. Com a voz de Nara Leão, que permeou minha infância pois meus pais adoram e ouviam sempre. Essa voz, na canção, dá o tom pelo qual, cabreiros e analisando tudo, chegando de mansinho, trazemos uma sacola murcha, pois não possuímos certezas dentro dela, mas um coração imenso para um novo horizonte.

*Estou chegando de mansinho*
*Cabreira e analisando tudo*
*Mas sinto que um novo mundo*
*Um novo horizonte está para chegar*

*Trago uma sacola murcha*
*Sem nada dentro pra mostrar*
*Mas trago um coração imenso*
*Cheio de esperança e amor pra dar*

*Venho vindo de tão longe*
*Com os pés cansados de tanto andar*
*Mas sou destemido e forte*
*E coisa tão pouca não vai me assustar*

*Sou bastante persistente*
*Não sei o que é medo, não posso parar*
*O meu plano foi traçado*
*E um novo mundo eu vou começar*

Até o fechamento desta edição, nos primeiros dias de agosto de 2020, o número de mortes no Brasil em decorrência da covid-19 ultrapassa 90 mil, e quase 3 milhões de pessoas foram infectadas no país.

Notas

**A casa e os pássaros** [p. 9-20]

1   Hannah Arendt, *Thinking Without a Banister*. Nova York: Schocken Books, 2018.
2   Sigmund Freud, *Obras completas*, vol. XXI: O futuro de uma ilusão. Rio de Janeiro: Imago, 1974, p. 27.
3   Ernst Jünger, "A mobilização total", in *Modernos e contemporâneos: a tradição fenomenológica*. São Paulo: Cemodecon IFCH-Unicamp, 2001.
4   Orhan Pamuk, "What the Great Pandemic Novels Teach us", *The New York Times* (23 abr 2020).
5   Vídeo disponível em <https://www.youtube.com/watch?v=07IHRikeRRA>. Acesso em 21 jul 2020.
6   Antonio Cicero, "Guardar", in *Guardar*. Rio de Janeiro: Record, 1997, p. 11.

**Tempo de espera** [p. 21-32]

1   Samuel Beckett, *Fim de partida*. São Paulo: Cosac Naify, 2010, p. 70.

**A natureza inumana** [p. 33-46]

1   Maurice Merleau-Ponty, "A dúvida de Cézanne", in *O olho e o espírito*. São Paulo: Cosac Naify, 2004, p. 131-132.
2   Friedrich Nietzsche, "Verdade e mentira no sentido extramoral", *Revista Comum*, vol. 6, nº 17. Rio de Janeiro: Facha, 2001, p. 7-8.
3   Arthur Schopenhauer, *O mundo como vontade e representação*. São Paulo: Unesp, 2005, p. 428.
4   Hannah Arendt. "O conceito de história: antigo e moderno", in *Entre o passado e o futuro*. São Paulo: Perspectiva, 1997, p. 90-92.
5   Isabelle Stengers, *No tempo das catástrofes*. São Paulo: Cosac Naify, 2015, p. 11.
6   W. G. Sebald, *História natural da destruição*. Lisboa: Teorema, 2006, p. 42-43.
7   Alan Pauls, *A vida descalço*. São Paulo: Cosac Naify, 2013, p. 26.

**Wilson e o distanciamento social** [p. 47-58]

1   Friedrich Schlegel, *O dialeto dos fragmentos*. São Paulo: Iluminuras, 1997, p. 60.
2   Susan Sontag, *Diante da dor dos outros*. São Paulo: Companhia das Letras, 2003, p. 40, 85.
3   Martin Heidegger, *Ser e tempo*. Petrópolis: Vozes, 2009, p. 175.
4   Paul B. Preciado, *Aprendendo do vírus*. Disponível em <https://n-1edicoes.org/007>. Acesso em 21 jul 2020.

**7x1 para o coronavírus** [p. 59-70]
1 Dorrit Harazim, "Depois do carnaval", *O Globo* (23 fev 2020).

**A arte de perder** [p. 71-82]
1 Reinhart Koselleck, *Futuro passado*. Rio de Janeiro: Contraponto; PUC-Rio, 2006, p. 310.
2 Elizabeth Bishop, *O iceberg imaginário*. São Paulo: Companhia das Letras, 2001, p. 309.
3 Platão, *Fedro*. Lisboa: Edições 70, 1997, p. 120.
4 Fredric Jameson, *As sementes do tempo*. São Paulo: Ática, 1997, p. 10-11.
5 José Gil, *O medo*. Disponível em <https://n-1edicoes.org/001>. Acesso em 21 jul 2020.
6 Hannah Arendt, *A condição humana*. Rio de Janeiro: Forense Universitária, 1999, p. 258.

**O amor nos tempos do vírus** [p. 83-96]
1 Contardo Calligaris, "Tenho medo de que coisas cotidianas não voltem nunca mais", *Gauchazh* (28 abr 2020). Disponível em <https://gauchazh.clicrbs.com.br/comportamento/noticia/2020/04/contardo-calligaris-tenho-medo-de-que-coisas-cotidianas-nao-voltem-nunca-mais-ck9kis2mioow3017ndq512yq4.html>. Acesso em 21 jul 2020.
2 Slavoj Žižek, "Žižek vê o poder subversivo do coronavírus", *Outras palavras* (3 mar 2020). Disponível em <https://outraspalavras.net/crise-civilizatoria/zizek-ve-o-poder-subversivo-do-coronavirus/>. Acesso em 21 jul 2020.
3 Octavio Paz, *A dupla chama: amor e erotismo*. São Paulo: Siciliano, 1994, p. 17.
4 Eduardo Jardim, *A doença e o tempo: Aids, uma história de todos nós*. Rio de Janeiro: Bazar do Tempo, 2019, p. 10.
5 Orhan Pamuk, *O museu da inocência*. São Paulo: Companhia das Letras, 2011, p. 99-100.
6 Friedrich Hölderlin, *Poemas*. São Paulo: Companhia das Letras, 1991, p. 123.

**Solidão no isolamento** [p. 97-108]
1 Hannah Arendt, *Origens do totalitarismo*. São Paulo: Companhia das Letras, 1989, p. 526-531.
2 Carlos Drummond de Andrade, "Especulações em torno da palavra homem", in *Poesia e prosa*. Rio de Janeiro: Nova Aguilar, 1992, p. 276.
3 Fiódor Dostoiévski, *Crime e castigo*. São Paulo: Editora 34, 2016, p. 558.
4 Walter Benjamin, *Passagens*. Belo Horizonte: Editora UFMG; São Paulo: Imprensa Oficial, 2006.

5 Em tradução livre: Sentimos medo de todos / Medo do sol / Isolamento / O sol nunca irá desaparecer / Mas o mundo talvez não tenha tantos anos / Isolamento.
6 María Zambrano, *A metáfora do coração e outros escritos*. Lisboa: Assírio & Alvim, 2000, p. 37.
7 Platão, *Teeteto – Crátilo*. Belém: Edufpa, 2001, p. 107.
8 Friedrich Nietzsche, *A gaia ciência*. São Paulo: Companhia das Letras, 2001, p. 168.
9 Octavio Paz, *O labirinto da solidão*. São Paulo: Paz e Terra, 1992, p. 172-173.

**A futurologia dos filósofos** [p. 109-124]
1 Friedrich Nietzsche, *Além do bem e do mal*. São Paulo: Companhia das Letras, 1992, p. 14.
2 Giorgio Agamben, "A invenção de uma epidemia". Disponível em <https://www.cidadefutura.com.br/wp-content/uploads/A-invenção-de-uma-epidemia-Giorgio-Agamben.pdf>. Acesso em 21 jul 2020.
3 Walter Benjamin, "Sobre o conceito de história", in *Magia e técnica, arte e política*. São Paulo: Brasiliense, 1994, p. 226.
4 Jean-Luc Nancy, "Exceção viral". Disponível em <https://medium.com/@paulbpreciado_ptbr exceção-viral-de-jean-luc-nancy-96446a71e4c6>.
5 Jean-Luc Nancy, "Comunovírus". Disponível em <https://bazardotempo.com.br/comunovirus-de-jean-luc-nancy/>. Acesso em 21 jul 2020.
6 Slavoj Žižek, "Bem-vindo ao deserto do viral". Disponível em <https://blogdaboitempo.com.br/2020/03/12/zizek-bem-vindo-ao-deserto-do-viral-coronavirus-e-a-reinvencao-do-comunismo/>. Acesso em 21 jul 2020.
7 Byung-Chul Han, "O coronavirus de hoje". *El País* (22 mar 2020).
8 Bruno Latour, *Imaginar os gestos-barreiras contra o retorno à produção pré-crise*. Disponível em <https://n-1edicoes.org/008-1>. Acesso em 21 jul 2020.
9 Achille Mbembe, *O direito universal à respiração*. Disponível em <https://n-1edicoes.org/020>. Acesso em 21 jul 2020.
10 Paul B. Preciado, "A conjuração dos losers". Disponível em <https://www.quatrocincoum.com.br/br/artigos/f/a-conjuracao-dos-losers>. Acesso em 21 jul 2020.
11 Paul B. Preciado, *Aprendendo do vírus*. Disponível em <https://n-1edicoes.org/007>. Acesso em 21 jul 2020.
12 Emanuele Coccia, *O vírus é uma força anárquica de metamorfose*. Disponível em <https://n-1edicoes.org/021>. Acesso em 21 jul 2020.
13 Alain Badiou, "Sobre a situação epidêmica". Disponível em <https://blogdaboitempo.com.br/2020/04/08/badiou-sobre-a-situacao-epidemica/>. Acesso em 21 jul 2020.

14 Judith Butler, *Traços humanos nas superfícies do mundo*. Disponível em <https://n-1edicoes.org/042>. Acesso em 21 jul 2020.
15 Jacques Rancière, *Uma boa oportunidade?* Disponível em <https://n-1edicoes.org/039-1>. Acesso em 21 jul 2020.
16 Franco "Bifo" Berardi, *Para além do colapso: três meditações sobre um possível depois*. Disponível em <https://n-1edicoes.org/051>. Acesso em 21 jul 2020.
17 Cacaso, *Lero-lero*. Rio de Janeiro: 7Letras; São Paulo: Cosac Naify, 2002, p. 22.
18 Yehuda Amichai, *Terra e paz: antologia poética*. Rio de Janeiro: Bazar do Tempo, 2018, p. 147.

**Frustração e felicidade** [p. 125-137]
1 Ver reportagem da revisa *Época* (12 mai 2020). Disponível em <https://epoca.globo.com/brasil/a-mensagem-subliminar-de-mandetta-sobre-bolsonaro-24421483>. Acesso em 21 de jul 2020.
2 Martin Heidegger, *Sobre o humanismo*. Rio de Janeiro: Tempo Brasileiro, 1995, p. 50.
3 Michel Foucault, *As palavras e as coisas*. São Paulo: Martins Fontes, 1999, p. 536.
4 Karen Blixen, *Anedotas do destino*. São Paulo: Cosac Naify, 2007, p. 20-21.
5 Em tradução livre: Quando seu dia é longo / E a noite / A noite é só sua / Quando você tem certeza de que já teve o suficiente / Dessa vida / Bem, segure firme / Não se deixe ir / Porque todo mundo chora / E todo mundo se machuca às vezes.
6 Albert Camus, *O mito de Sísifo*. Lisboa: Edições Livros do Brasil, s/d, p. 158.
7 Michel Foucault, *Vigiar e punir*. Petrópolis: Vozes, 1977, p. 173-174.
8 Eu costumava contar o tempo pela minha sombra / Até as nuvens de trovoada, elas subiram ao palco / Estes dias terminarão como os raios de luz / Outra leitura da mesma página // Bem acordado através desta noite mais profunda / Ainda esperando o sol / Como as horas parecem se multiplicar / Encontre uma estrela para aguentar / Vivendo sob a pata de um leão / Sabendo que nada pode ser domado / Pode ser domado // Eu quero que esse sonho dure para sempre / Um desejo negado para prolongar nosso tempo / Eu queria que esse momento nunca terminasse / Que seja uma mentira que todo futuro morra.
9 Albert Camus, *La Peste*. Paris: Gallimard, 1994, p. 71.
10 Clarice Lispector, *A paixão segundo G. H.* Madri; Paris; México; Buenos Aires; São Paulo; Rio de Janeiro; Lima: ALCA XX, 1996, p. 10.

**Pedro Duarte** (1981) é Doutor em Filosofia pela PUC-Rio e professor na mesma instituição. Ocupou a Cátedra Fulbright de Estudos Brasileiros na Emory University (2020) e foi Professor Visitante nas universidades Brown (2004/2006) e Södertörn (2012). É autor dos livros *Estio do tempo: Romantismo e estética moderna* (2011), *A palavra modernista: vanguarda e manifesto* (2014) e *Tropicália* (2018), e organizador e tradutor do livro *Liberdade para ser livre* (2018), de Hannah Arendt, publicado pela Bazar do Tempo. É co-autor, roteirista e curador da série documental de tv *Alegorias do Brasil*, dirigida por Murilo Salles no Canal Curta! (2018).

Durante o período de escrita deste livro, ocupei a Cátedra Fulbright de Estudos Brasileiros na Emory University; agradeço ao apoio dessas duas instituições.

O presente trabalho foi realizado com apoio da Coordenação de Aperfeiçoamento de Pessoal de Nível Superior – Brasil (Capes) – Código de Financiamento 001.

Editado pela Bazar do Tempo no inverno
de 2020, na cidade de São Sebastião do Rio de
Janeiro e impresso em papel Pólen Soft
80 g/m² pela Meta Brasil Impressão Digital.
Foram usados os tipos Silva Text e Dax.